KB147197

한국문화, 한눈에 보인다

한국문화, 한눈에 보인다

인쇄 · 2017년 7월 25일
발행 · 2017년 7월 31일

지은이 · 조동일, 이은숙
펴낸이 · 한봉숙
펴낸곳 · 푸른사상사

주간 · 맹문재 | 편집 · 지순이 | 교정 · 김수란
등록 · 1999년 7월 8일 제2-2876호
주소 · 경기도 파주시 회동길 337-16 푸른사상사
대표전화 · 031) 955-9111(2) | 팩시밀리 · 031) 955-9114
이메일 · prun21c@hanmail.net / prunsasang@naver.com
홈페이지 · http://www.prun21c.com

ISBN 979-11-308-1206-9   03910
값 18,000원

이 도서의 국립중앙도서관 출판예정도서목록(CIP)은 서지정보유통지원시스
템 홈페이지(http://seoji.nl.go.kr)와 국가자료공동목록시스템(http://www.nl.go.kr/
kolisnet)에서 이용하실 수 있습니다.(CIP제어번호: CIP2017017922)

한국문화, 한눈에 보인다

한눈에 보인다

조동일 · 이은숙

푸른사상
PRUNSASANG

머리말

한국을 알고 싶어 하는 외국인들이 많아졌다. 세계 여러 나라 사람들이 한국문화에 대해 묻는데 막상 한국인들이 적절한 대답을 하지 못하는 것이 안타깝다. 한국인 스스로가 한국문화를 일목요연하게 이해하지 못하니 남들에게 제대로 설명하지 못하는 것이다. 이에 한국문화 전반을 둘러보는 개요가 절실하게 필요하다는 생각에 이 책을 낸다.

이 책에 사제 두 사람의 오랜 연구와 체험을 응축했다. 조동일은 국문학 및 그 인접 분야에 대해 광범위한 연구를 하면서 한국문화의 원리를 탐구해왔다. 이은숙은 국내외에서 외국인에게 한국어와 한국문화를 강의한 경력이 누적되어 외국인이 무엇을 알고 싶어 하는지 잘 안다. 양쪽의 관심을 합치고 지식을 모으면서, 고금을 회통하고 영역을 넘나든다.

한국문화에 대해서 알아야 할 것들을 옛적부터 오늘날까지 사안별로 정리해 설명한다. 상고시대부터 오늘날의 한류까지 두루 다루고, 문화의 여러 영역을 모두 살핀다. 얼마든지 길게 쓸 수 있는 내용을 핵심만 뽑아 알기 쉽게

서술한다. 항목마다 외국과 비교해서, 한국인이 외국인에게 설명할 때나 외국인이 직접 읽어 이해할 때에 도움이 되고자 한다. 국내의 독자가 먼저 읽고, 외국인에게도 추천하면 좋겠다.

한국에 와서 공부하는 외국인은 한국문화를 배워야 한다. 외국의 한국학과에서는 한국문화론을 반드시 강의한다. 한국에 관심을 가지는 외국인, 한국을 찾는 관광객에게도 한국문화 입문서가 필요하다. 이 책을 가지면 강의가 가능하고, 질문에 대답할 수 있다. 관광안내인도 모두 이 책을 가까이 두고 이용하기 바란다. 장기간 출국하는 사람은 반드시 필요하게 될 터이니 이 책을 가져가라고 권유한다.

한국이나 한국문화에 대해 외국인의 오해가 적지 않고, 국내에는 자기 비하를 일삼는 사람들도 있다. 외래 통치자의 의도적인 왜곡이 오랜 상처를 남기고 있다. 어떤 것이 진상이고, 무엇이 진실인지 알아내려면 수많은 논저를 읽어야 하는데, 전문가라도 자기 분야를 넘어서면 하기 어려운 일이다. 책 한 권이 모든 의문을 해결할 수는 없지만 단서를 제공하고 안내를 할 수 있다. 이 책에서 심각한 논란이 있는 쟁점은 모두 거론하고 해결의 방향을 제시하고자 했다.

외국인이 직접 읽을 수 있게 중국어·일본어·영어본도 내고자 한다. 그 밖의 여러 언어로 번역할 필요도 있다. 그런 날이 빨리 오기를 바라고 도움을 청한다. 그러나 외국인이라도 한국어를 힘써 공부해 이 책 원본을 독파하고 음미해야 한국을 제대로 알 수 있을 것이다.

이 책에서 말하는 한국문화는 한국인의 고향이다. 고향을 그리워하는 시를 읽자. 김소월의 「고향」 처음 두 연이다.

> 짐승은 모를는지 고향인지라,
> 사람은 못 잊는 것 고향입니다.
> 생시에는 생각도 아니 하던 것
> 잠들면 어느 듯 고향입니다.

조상님 뼈 가서 묻힌 곳이라,
송아지 동무들과 놀던 곳이라,
그래서 그런지는 모르지마는
아아, 꿈에서는 항상 고향입니다.

2017년 7월

조동일 · 이은숙

차례

1

개괄

동북아시아에 자리잡은 반도이며,
국토의 70퍼센트가 산이다.
재해가 드물고
아름다운 자연환경을 자랑한다.

아름다운
자연

● 아름다운 자연

　한국은 동북아시아에 있는 반도이다. 압록강(鴨綠江)과 두만 강(豆滿江)을 경계로 중국과 구분된다. 서쪽 중국과의 사이에 있는 바다는 서해 또는 황해(黃海)라고 한다. 동쪽에는 동해 건 너 일본이 있다. 동서는 동위 124~132도 사이이다. 길이는 남 북 최장 1,070킬로미터, 동서 최장 175킬로미터이고, 면적은 22만 평방미터이며, 세계 전체로 보면 중간 크기의 나라이다.

　산지가 70%를 차지하는 산악국이지만, 아주 높은 산은 많지 않다. 토질이 비옥해 초목이 무성하고 농사가 잘 된다. 동쪽은 산이 높고 바다가 깊다. 서쪽은 평야가 넓고 갯벌이 이어져 있 으며 바다가 얕다. 백두산(白頭山), 한라산(漢拏山), 지리산(智 異山), 설악산(雪嶽山) 등이 큰 산이다. 압록강, 두만강, 한강(漢 江), 낙동강(洛東江), 금강(錦江), 영산강(榮山江), 섬진강(蟾津江) 등이 큰 강이다. 제주도(濟州道), 울릉도(鬱陵島), 거제도(巨濟 島), 강화도(江華島), 진도(珍島), 완도(莞島), 덕적도(德積島), 흑산도(黑山島)를 비롯해 3천여 개의 섬이 있다. 강화도, 거제도, 진도, 완도 등 가까이 있는 섬들은 교량으로 육지와 연결되었다.

지형은 안정되어 있으며, 활화산이 없다. 피해를 줄 정도의 지진은 일어나지 않는다. 태풍이 닥쳐와도 세력이 약화되어 피해가 적다. 다른 자연재해도 우려할 만한 것이 없다. 사계절이 분명한 온대성 기후이다. 계절은 가을이 가장 아름답다. 식물의 종이 아주 다양하다. 경치가 수려해 금수강산(錦繡江山)이라고 일컬어왔다.

경치가 좋고 자연 보존이 필요한 곳을 '국립공원'으로 지정해 관리한다. 지리산·경주(慶州)·계룡산(鷄龍山)·한려해상(閑麗海上)·설악산·속리산(俗離山)·한라산·내장산(內藏山)·가야산(伽倻山)·덕유산(德裕山)·오대산(五臺山)·주왕산(周王山)·태안해상(泰安海上)·다도해(多島海)·북한산(北漢山)·치악산(雉嶽山)·월악산(月嶽山)·소백산(小白山)·월출산(月出山)·무등산(無等山) 국립공원이 있다. 모두 빼어난 경치를 자랑한다.

국토의 넓이가 자동차를 몰고 돌아다니기 알맞으며, 도로가 달 발달되어 유통이 잘 이루어진다. 어디를 가든지 절경과 명소가 있다. 여가를 여행으로 보내도록 유혹한다. 전국을 두루 다니고 다시 찾는 사람이 많다.

경주, 공주·부여, 서울 등은 역사가 깊은 도시이다.

강릉, 안동, 진주, 전주는 지방의 특성과 문화유산을

특히 많이 지닌 곳들이다.

지역마다 전통문화나 주민의 기질에 차이가 있다.

팔도강산
여기저기

● 팔도강산 여기저기

　지역은 원래 서울과 지방의 8도, 경기도(京畿道). 황해도(黃海道), 평안도(平安道), 함경도(咸鏡道), 강원도(江原道), 충청도(忠淸道), 경상도(慶尙道), 전라도(全羅道)로 구분했다. 황해도는 해서(海西), 평안도는 관서(關西), 함경도는 관북(關北), 강원도는 관동(關東), 충청도는 호서(湖西), 전라도는 호남(湖南), 경상도는 영남(嶺南)이라고도 한다. 이곳들은 전통문화나 지역민의 기질에 차이가 있다. 제주도는 전라도에 속했으나 문화와 기질이 독자적인 성격을 지녔다. 도의 하위의 지방 고을은 주요도와 크기에 따라 목(牧)·부(府)·군(郡)·현(縣)이라고 구분해 나누었다.

　1530년에 만든『신증동국여지승람(新增東國輿地勝覽)』에서 각 지방 고을의 연혁, 관원(官員), 성씨, 풍속, 산천, 관방(關防, 국방 요새), 학교, 불우(佛宇, 사찰). 고적, 인물, 제영(題詠, 그곳에 관한 시) 등을 자세하게 정리해 소개했다. 각 고을을 따

해인사가 위치한 가야산 단풍길 (국립공원관리공단)

로 다룬 읍지(邑誌)는 거듭 나와 아주 많다. 지도도 많이 있었는데, 김정호(金正浩)가 「대동여지도(大東輿地圖)」에서 가장 발전된 모습을 보여주었다.

근래에 평안도가 평안북도와 평안남도로, 함경도가 함경북도와 함경남도로, 충청도가 충청북도와 충청남도로, 경상도가 경상북도와 경상남도로, 전라도가 전라북도와 전라남도, 제주도로 나누어졌다. 이들을 평북, 평남, 함북, 함남, 충북, 충남, 경북, 경남, 전북, 전남이라고 약칭한다. 강원도는 강원, 제주도는 제주이고 다른 약칭이 없다.

남북 분단 후에 북쪽에서 황해도를 황해북도와 황해남도로 나누고, 평안북도와 함경북도를 분할해 양강도(兩江島)와 자강도(慈江道)를 만들었다. 강원도는 남북에 하나씩 있어 둘이 되었다. 남쪽에서는 최근에 광역시 제도를 만들어 경기도에서 인천시를, 충청남도에서 대전시를, 경상북도에서 대구시를, 경상남도에서 부산시와 울산시를, 전라남도에서 광주시를 분리시켰다. 충청남도의 세종시는 특별자치시로, 제주도는 특별자치도로 만들었다.

신라의 도읍 경북 경주, 백제의 도읍 충남 공주(公州)와 부여(扶餘), 조선시대부터의 수도 서울이 역사가 깊은 도시이다. 강원 강릉(江陵), 경북 안동(安東), 경남 진주(晉州), 전북 전주(全州)가 지방의 특성과 문화유산을 특히 많이 지닌 곳들이다. 안동은 "한국정신문화의 수도"라고 자부한다. 전라도는 음식문화가 가장 발달했다.

불교 사찰이 지방에 산재되어 있는 대표적인 문화재이다. 경남 통도사(通度寺), 해인사(海印寺), 전남 송광사(松廣寺)는 불법승(佛法僧) 삼보 사찰이라고 한다. 부처의 사리(舍利), 불교의 경전, 승려 양성을 자랑으로 하는 가장 큰 절이기 때문이다. 서울 조계사(曹溪寺)가 대표적인 종파 조계종(曹溪宗)의 본부이다. 경기 용문사(龍門寺), 강원 월정사(月精寺), 신흥사(神興寺), 충북 속리사(俗離寺), 충남 수덕사(修德寺), 경북 불국사(佛國寺), 부석사(浮石寺), 동화사(桐華寺), 경남의 쌍계사(雙磎寺), 전남 화엄사(華嚴寺), 대흥사(大興寺) 등이 큰 사찰이다.

▲▲대흥사　▲수덕사

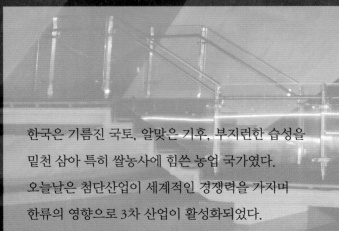

한국은 기름진 국토, 알맞은 기후, 부지런한 습성을
밑천 삼아 특히 쌀농사에 힘쓴 농업 국가였다.
오늘날은 첨단산업이 세계적인 경쟁력을 가지며
한류의 영향으로 3차 산업이 활성화되었다.

농업에서
문화산업까지

● 농업에서 문화산업까지

한국은 오랫동안 기름진 국토, 알맞은 기후, 부지런한 습성을 밑천삼아 농업에 힘쓴 농업 국가였다. 동쪽의 고지대에서는 밭농사를 하면서 잡곡을, 서쪽의 저지대에서는 논농사를 하면서 쌀을 생산해 주식으로 삼았다. 쌀농사에 대해 능력과 특별한 애착을 가져 중국 동북 지방, 중앙아시아 등지로 이주한 사람들이 쌀농사를 시작하고 기술을 보급했다. 오늘날에는 외래의 곡물이 대량 수입되고 쌀 소비가 줄었으나, 쌀을 민족문화의 결정체로 여겨 돌보고 지켜야 한다는 생각을 버리지 않는다.

축산업은 발달하지 않았으나, 소는 힘써 길러 경작에 이용하고, 달구지를 끌게 했다. 오늘날에는 소를 일은 시키지 않고 식용으로 하면서 소에 대한 애착이 고기 맛으로 전이되었다. '한우(韓牛)'라고 일컫는 재래 소의 맛을 지키기 위해 소고기 수입을 금지하는 것이 성스러운 과업이라고 여기기까지 한다.

한국은 쌀농사에 대해 능력과 특별한 애착을 가지고 있다.

돼지고기는 소고기보다 격이 낮아 천하다고 여기면서 삼겹살을 선호하고, 돼지머리를 민간 제사상에 올린다. 한우와 짝을 이루는 한돈(韓豚)이라는 말을 쓰지만 어색하게 들린다.

수공업은 특기할 만한 것들이 있다. 고려 때 만든 접부채가 중국 송(宋)나라를 거쳐 유럽까지 전해져 제조법을 널리 보급했다. 고려 이래로 뛰어난 솜씨와 미감으로 만든 도자기가 오늘날까지 이어진다. 질그릇은 여러 용도에 맞게 만들어왔다. 놋쇠로 만든 놋그릇은 식기와 제기(祭器)로 사용했으며, 안성(安城) 제품이 특히 유명해 '안성맞춤'이라는 말이 있다. 길쌈을 해서 옷감을 만드는 일을 어디서나 해서 지방 특산품이 많으며, 한산(韓山) 모시(세계 무형유산), 안동포(安東) 같은 것을 최상품으로 꼽았다. 돗자리도 전국 각처에서 생산되지만, 강화(江華) 화문석(花紋席)을 높이 친다. 이런 것들이 모두 지금은 문화재로 평가되고 고가로 거래된다. 일상생활의 용구는 공장에서 대량 생산되는 것들로 바뀌고, 석유화학 제품이 대부분이다.

상업은 고을마다 닷새에 한 번씩 오일장(五日場)이 서고 보부상들이 자리를 옮겨가면서 생필품을 팔았다. 방물장수라는 이름의 행상인도 있었다. 서울이나 다른 큰 도시에서는 상설시장이 열렸다. 그런 시절에도 교통의 요지 안성(安城) 같은 곳에는 물화가 집성되고 매점이 이루어진다고 박지원(朴趾源)이 「허생전(許生傳)」에서 말했다. 그러다가 운송 수단이 달라지고 교통이 발달하면서 상업이 획기적으로 발달해 전국적인 범위의 교역이 활성화되었다. '택배(宅配)'라고 하는 우편거래가 날로 늘어나 유통을 활발하게 한다.

오늘날의 한국은 농업을 대신해서 공업이 발달한 공업국가가 되었다. 자동차, 조선, 반도체, 가전제품 등이 세계적인 경쟁력을 가지고 수출을 주도한다. 철로는 많이 만들지 않고 도로를 개설하고 확장하고 포장하는 데 힘써 자동차 이용을 촉진한다. 휴대전화를 누구나 사용하고 신제품이 나오면 다투어 구입해, 기술 발전을 가속화하고 수출 경쟁력을 높인다. 가전제품 특히 텔레비전 수상기가 뛰어난 성능을 지녀 널리 환영

한국의 자동차 산업은 세계적 경쟁력을 가지고 있다.

받는다.

　방송극, 가요, 영화 같은 공연물이 대단한 인기를 얻어 한류(韓流)가 세계 도처에서 일어나는 것이 3차산업 활성화에 큰 기여를 한다. 화장품을 잘 만들어 수출하고, 얼굴 성형수술을 하러 오는 사람들이 늘어나는, 전에 볼 수 없는 일이 생겨났다. 방송극 화면에 보이는 한국 여성이 모두 아름다운 것은 좋은 화장품을 사용하거나 성형수술을 한 덕분이라고 여기는 오해가 수익을 가져온다.

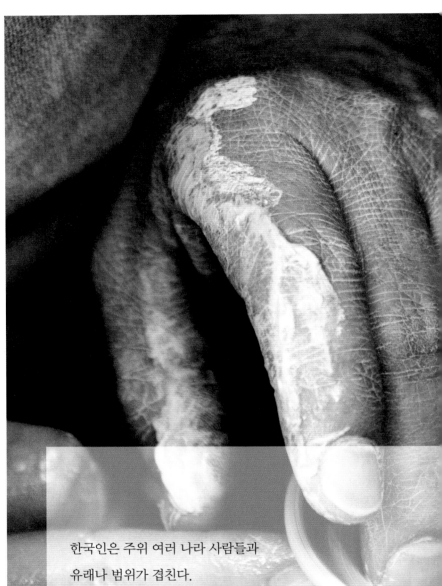

한국인은 주위 여러 나라 사람들과
유래나 범위가 겹친다.
한국인이 '단일민족'이라는 말은 타당하지 않다.
한국은 소수민족이나 소수언어의 문제가 심각하지 않은
지구상의 가장 큰 나라이다.

한국인은
단일민족인가

● 한국인은 단일민족인가

인류를 황인종(Mongoloid), 백인종(Cocasoid), 흑인종(Ne-groid)으로 나누면, 한국인은 황인종에 속한다. 황인종 가운데 터키족, 몽고족, 퉁구스족은 언어가 계통적인 연관을 가져 알타이어족을 이룬다. 한국인도 알타이어족에 속한다는 견해가 유력하지만, 일찍 분리되어 독자적인 성향이 두드러진다고 할 수 있다.

중국 옛 문헌에 조선(朝鮮), 한(韓), 예(濊), 맥(貊) 등이 나타나 있다. 모두 한국인이지만 각기 다른 점이 있었으며, 오랜 기간 동안 통합과정을 거쳐 동질성을 확대했을 것이다. 그 가운데 어느 하나가 전체를 대표할 수 있다고 하는 것은 후대의 견해이다. '조선'을 고조선, 조선왕조, 조선민주주의인민공화국에서 국호로 선택했다. '한'은 조선왕조를 혁신해 대한제국이라고 할 때 부각되었으며, 그 법통을 대한민국임시정부를 거쳐 대한민국에서 이었다.

1920년대 토제 인형(국립민속박물관 소장)

'동이(東夷)'가 한국인이냐는 논란이 있는 문제이다. 동이는
중국 동쪽의 오랑캐라는 말이다. 그런데 복희씨(伏羲氏), 순(舜)
임금, 그 밖의 여러 숭앙받는 인물이 동이였다고 한다. 은(殷,
일명 商)은 동이의 나라였다고 하며, 동이에 군자국(君子國)이
있었다고 한다. 이른 시기 문명 발전을 주도하던 동이가 계통
이 다른 화하(華夏)족의 주(周)나라가 강성하게 뻗어나자 해안
으로 이주해 동쪽의 오랑캐라고 일컬어지게 되었다고 생각된
다. 한나라 이후에는 중국 안의 동이는 밀려나거나 흡수되어
거의 사라졌으며, 동이라는 말을 만주, 한반도, 일본열도의 주
민을 지칭하는 데 사용해 역대 사서에 「동이전(東夷傳)」이 있다.

중국 안팎의 동이가 다른 집단인지 같은 집단인지 분명하지 않다. 그 어느 쪽이든지 동이는 한국인과 밀접한 관련을 가진다. 중국 안팎의 동이가 같고, 한국인이 그 중심의 후계자라고 주장하는 논자들은 복희씨에서 은(상)나라까지의 동이문명이 민족의 자랑이라고 한다. 중국 안팎의 동이가 상이한 집단이면 이런 주장은 성립되지 않는다. 그러나 중국 통일과정에서 중국 안의 동이가 대거 한반도로 이주해 한국인이 되었다고 보아 마땅하다. 기자(箕子)가 그 집단의 지도자로 숭앙된다. 오늘날 중국에서는 중국사 유래의 다원설을 채택해 동이문명과 화하문명을 함께 소중하게 여긴다. 논란이 어떻게 전개되고 귀결되든, 동이는 중국인도 되고 한국인도 된 공동의 선조이다.

중국과 한국 사이에는 주민의 이동이 계속 있었다. 백제가 망할 때 잡혀간 사람들이 역사에 남을 활동을 했다. 통일신라 강역 밖의 고구려 사람들은 만주족과 가까이 지내다가 종국에는 중국인이 되었다. 중국에서 한국으로 귀화한 사람들이 한문 문명의 수준을 높이는 데 기여하고, 과거제도를 실시할 수 있게 했다. 한국인이 중국으로 가서 널리 알려진 인물이 된 사례도 이따금 있다. 생업을 개척하고, 일제의 식민지통치에서 벗어나려고 압록강과 두만강을 넘어간 한국인은 중국 조선족이 되었다. 중국인과 한국인은 밀접한 관련을 가지고 살아왔다.

읍루(挹婁), 숙신(肅愼), 말갈(靺鞨), 여진(女眞) 등으로 일컬어지던 집단은 동이의 일원이면서 한국인과는 구별되는 만주족이다. 말갈인이라고 지칭되던 만주족이 오랫동안 중국 동북지방에서 한반도 북동쪽에 걸쳐 살고 있었다. 신라를 자주 위협했다고 『삼국사기(三國史記)』에 기록되어 있다. 고구려와 발해는 한국인과 말갈인이 공존하는 복합민족국가였다. 조선시대에 이르러 한국의 국토가 압록강과 두만강까지 확장되자, 그 이남의 만주족은 한국인이 되었다. 독자적인 삶을 유지하던 말갈인이 오랜 기간을 거쳐 융합되었다. 재가승(在家僧)이라고 하던 집단이 마지막 흔적이다. 말갈인은 만주족도 되고 한국인도 된 공동의 선조이다.

한국인이 이른 시기에 일본열도로 건너가고, 백제와 고구려의 유민이 뒤를 이었다. 일본에서 '도래인(渡來人)'이라고 하는 이주민은 일본인이 되었다. 왕인(王仁)을 비롯한 여러 고급 인재가 전수한 지식이나 기술이 일본문화가 되었다. 이 경우에는 한국인이 한국인도 되고 일본인도 된 공동의 선조이다.

위에서 든 동이나 말갈의 경우를 보태, 한국인은 주위의 여러 나라 사람들과 유래나 범위가 겹친다고 하고 일반화해서 말할 수 있다. 한국인만 이런 것은 아니다. 세계 모든 나라 사람들이 다 겹치니 피아를 지나치게 구분하지 말고 서로 이해하면서 사이좋게 지내야 한다.

한국인은 '단일민족'이라고 한다. 이 말은 타당하지 않다.

다른 민족과 겹쳐 이질적인 요소가 계속 생겨났으면서 동화와 통합의 과정을 자연스럽게 거쳐 누구나 같은 사람인 것처럼 되었다. 단일민족이라는 말을 버리고, 한국은 소수민족이나 소수언어의 문제가 심각하지 않은 지구상의 가장 큰 나라라고 하면 된다. 이주민의 수가 많지 않아서인지 포용력이 큰 덕분인지 생각해볼 일이다.

오늘날 한국인은 세계 여러 나라에 대거 이주해 각기 그 나라 사람이 되고 있다. 안으로 외국인의 한국 이주 또한 나날이 늘어나 다문화가정이 많아지고, 소수민족이나 소수언어의 문제가 생겨나고 있다. 그래서 혼란스럽다고 할 것은 아니다. 순수성에 대한 집착을 버리고 귀화인이 한국인의 특성을 다양화하는 데 기여한다고 평가하는 것이 마땅하다.

오늘날 한국인의 평균 신장은 남자가 174.9센티미터, 여자가 162.3센티미터이다. 세계 전체에서 중간 정도이고, 중국인이나 일본인보다는 크다. 머리가 크고, 뇌의 무게가 세계 전체에서 상위에 속한다는 전문적인 측정 보고가 있다. 황색인 가운데 피부가 흰 편에 속한다. 이것은 표준치일 따름이고 많은 변이가 있다.

한국인의 문화적 특성은 간략하게 말할 수 없고, 여러 항목에 걸쳐 고찰할 필요가 있다. 두드러지게 나타난 것만 우선 들기로 한다. 객관성을 보장하려고 외국인이 한 말을 자료로 삼는다. 중국인은 한국에 자주 와서 많은 기록을 남겼다. 그 가운데 다음과 같은 것들이 있다.

"산해경(山海經)』을 비롯한 중국의 여러 문헌에서 한국은 군자국(君子國)이고, 동방예의지국(東方禮儀之國)이라고 했다. 한국인은 풍속이 아름답고 예절이 발라 서로 양보하고 싸우지 않는다고 했다. 고려 때 온 송나라 사신 서긍(徐兢)이 견문한 바를「고려도경(高麗圖經)」에 기록했는데, 몇 가지 특기할 사실을 들면, 학구열이 대단하고, 깨끗한 것을 좋아해 목욕과 세탁을 자주 한다고 했다.

15세기에 훈민정음(訓民正音)을, 지금은 '한글'이라고
일컫는 문자를 창제해 오랜 소원을 이루었다.
한글은 기존의 문자를 변용하는 방식을 사용하지 않고
발음기관을 본떠서 새로 만든 세계 유일의 문자이다.

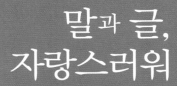

말과 글,
자랑스러워

● 말과 글, 자랑스러워

　한국어는 사용자 순위에서 세계의 모든 언어 가운데 12위 정도이다. 터키어, 몽골어, 만주어, 일본어 등과 관련이 있는 알타이어족에 속한다고 하는데, 아직 논란이 있다. '주어+목적어+서술어'의 구조를 가지고 있다. 모음조화가 있고, 서술어의 활용이 다양하며, 존비법이 발달된 것이 특징이다.

　한국어의 방언은 중부·동북·서북·동남·서남 방언으로 나누어진다. 이 가운데 중부방언의 하나인 서울말을 표준어로 삼고 있다. 서울말이 글을 쓰는 데 널리 사용된 내력이 있어 표준어를 정하는 데 어려움이 없었다. 방언 차이가 그리 크지 않아 의사소통에 지장이 없다. 오직 제주도에서 쓰는 말은 어렵다. 표준어로 교육을 하지만, 표준어 발음을 요구하지는 않는다.

　방언 차이가 적었다는 사실은 유의양(柳義養)이라는 관원이 1771년에는 경상도 남해도(南海島)로, 1773년에는 함경도 종성(鐘城)으로 귀양 가서 견문한 바를 국문으로 기록한 「남해문견록(南海聞見錄)」과 「북관노정록(北關路程錄)」에 잘 나타나 있다. 남북 두 곳의 방언이 서울말과 달라 처음에는 알아듣기 어려웠으나 곧 익숙해졌다고 하고 많은 어휘를 예로 들었다. 같은 시기에 전국의 구두어가 서로 이해할 수 있을 정도로 근접되어 있었던 다른 나라의 예를 찾기 어렵다. 프랑스의 경우, 1835년의 자료에 따르면, 전국 4분의 1정도의 지역에서만 프랑스어를 사용했다.

같은 말을 사용한 오랜 내력이 있어, 지금 남북이 상이한 체제로 분단되었어도 말은 달라지지 않았다. 정치적인 용어나 외래어에서 차이가 있을 따름이고, 문법이나 기초어휘는 동일하고, 서로 알아듣는 데 지장이 없다. 그러나 재외동포가 사용하는 한국어는 경우에 따라 다르지만 본토와 상당한 거리가 있다. 한편으로는 고형을 유지하고, 다른 한편으로는 현지의 실정에 맞게 말이 변하기 때문이다.

문자생활은 한문으로 시작했다. 한문을 받아들여 공식적인 기록을 위한 문어로 사용했다. 한자를 이용해 한국어를 적은 차자표기(借字表記)도 몇 가지 방식으로 했다. 한자로 한국어 문장을 적는 것은 향찰(鄕札), 단어 표기는 이두(吏讀), 한문 문장에 토를 다는 것은 구결(口訣)이라고 했다. 향찰은 일본의 가명(假名, 카나), 월남의 자남(字喃, 쯔놈 chunom)과 상통하면서 한자 사용 방식이 달랐다. 한자를 향찰에서는 원래 것 그대로,

가명에서는 간략하게 해서, 자남에서는 음과 뜻을 나타내는 자를 합쳐서 사용했다.

일본과 월남에서는 차자표기를 계속하고 자기네 문자를 만들지 않았으나, 한국은 사정이 달랐다. 한국어는 음절이 많고 복잡해 한자로 표기하기 아주 어렵다. 그 때문에 이두와 구결은 이어왔으나 향찰 사용을 중단하고, 독자적인 문자를 만들어야 했다. 15세기에 훈민정음(訓民正音)을, 지금은 '한글'이라고 일컫는 문자를 창제해 오랜 소원을 이루었다. 한글은 기존의 문자를 변용하는 방식을 사용하지 않고 발음기관을 본떠서 새로 만든 세계 유일의 문자이다. 한국어를 전면적으로 정확하게 표기할 수 있는 음소문자이며, 자음과 모음, 받침으로 이용되는 자음을 합쳐 한 음절을 한 글자로 표기해서 읽기 쉽다.

한글 창제와 더불어 한문이 없어진 것은 아니다. 두 글은 오랫동안 함께 사용되었다. '상하남녀(上下男女)'라는 말을 사용해 글공부의 역사를 간명하게 정리할 수 있다. 상층남성이 한문을 사용하면서 중세가 시작되었다. 중세 후기에 만든 국문을 상층여성이 자기 글로 삼았다. 중세에서 근대로의 이행기에는 글공부가 확대되어 하층남성도 국문을 익히고, 한문 공부도 하려고 했으며, 하층여성마저 글공부에 관심을 가졌다. 근대가 되자 상층남성이 한문 대신 국문을 공용어로 삼고, 하층여성도 국문 사용에 동참해 어문생활의 동질화와 평등화가 이루어졌다. 중세에서 근대로의 이행기에 하층 남성이 한글을 읽혀, 전에는 여성문학이었던 소설을 탐독했다는 기록은 많이 있다. 이미 하층여성까지도 한문 공부를 하려고 했다고 김려(金鑢)가 남긴 시에서 말했다. 최하층 백정의 딸이 부지런하고 활기찬 집안에서 어여쁘고 예절바른 처녀로 자라면서 "일곱 살에 한글을 통하고(七歲通諺書)", "아홉 살에 한자를 분별했다(九歲辨晉字)"고 했다.

문자 해득의 역사에 관한 연구는 어느 나라든지 직접적인 자료가 없어 잘 알기 어렵다. 자료를 최대한 동원해 오랫동안 힘써 연구한 결과 18세기 말 2,600만 독일인 가운데 라틴어를 아는 사람은 10만, 독일어책을 읽는 사람은 30만쯤 되었다고 추정했다. 18세기 한국의 인구는 독일보다 적었다. 그런데 독일의 라틴어에 해당하는 한문을 잘 안다고 자부하고 과거에 응시하는 사람이 많을 때에는 15만이나 되었다.

전통사회의 발전이 최고도에 이르고, 외부의 충격은 닥쳐오지 않은 19세기가 시작될 무렵에 일본 학자들은 그 시기에 일본이 문자 해득률에서 가장 앞섰다고 한다. 자국 글 공부에서는 한·일의 차이가 없었다고 할 수 있고, 둘 다 유럽 어느 나라보다 앞섰다고 생각된다. 그런데 그때에는 한문까지 알아야 글을 한다고 할 수 있었다. 국문과 한문을 둘 다 아는 사람의 수에서는 한국이 일본보다 앞섰을 것이다.

전국의 많은 문화유산 중
유네스코에 등재된 유산을 소개한다.
1995년에 해인사 장경판전, 종묘,
석굴암 불국사가 처음 등재되었고,
2016년에 무형문화유산으로
'제주해녀문화'가 등재되었다.

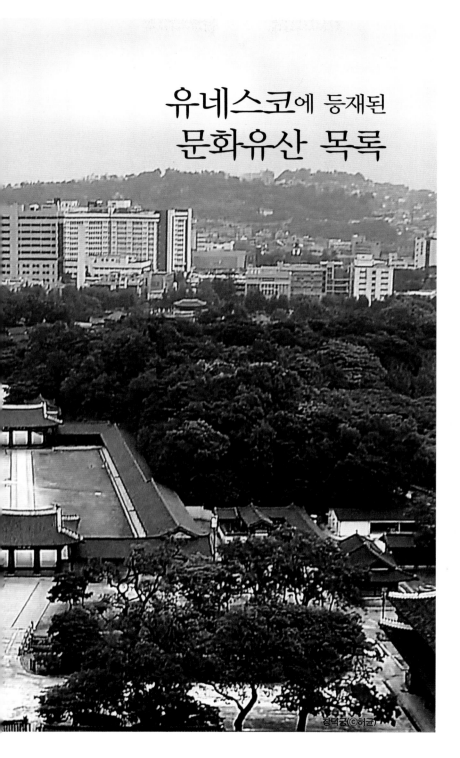

유네스코에 등재된
문화유산 목록

창덕궁(ⓒ허균)

해인사(海印寺) 장경판전(藏經板殿)(1995)

종묘(宗廟)(1995)

석굴암(石窟庵) 불국사(佛國寺)(1995)

창덕궁(昌德宮)(1997)

화성(華城)(1997)

경주 역사유적 지구(2000)

고창(高敞) 화순(和順) 강화(江華) 고인돌 유적(2000)

조선왕릉(朝鮮王陵)(2009)

한국의 역사마을 : 하회(河回)와 양동(良洞)(2010)

남한산성(南漢山城)(2014)

백제역사유적지구(2015)

『훈민정음(訓民正音)』(1997)

『조선왕조실록(朝鮮王朝實錄)』(1997)

『승정원일기(承政院日記)』(2001)

『불조직지심체요절(佛祖直指心體要節)』하권(下卷)(2001)

조선왕조『의궤(儀軌)』(2007)

고려대장경판(高麗大藏經板) 및 제경판(諸經板)

『동의보감(東醫寶鑑)』(2009)

『일성록(日省錄)』(2011)

1980년 인권기록유산 5 · 18광주 민주화운동 기록물(2011)

새마을운동 기록물(2013)

『난중일기(亂中日記)』이순신 장군의 진중일기(陣中日記)(2013)

한국의 유교책판(2015)

KBS 특별생방송 〈이산가족을 찾습니다〉 기록물(2015)

무형문화유산

종묘(宗廟) 제례(祭禮) 및 종묘 제례악(祭禮樂)(2001)

판소리(2003)

강릉단오제(江陵端午祭)(2005)

처용무(處容舞)(2009)

강강술래(2009)

제주 칠머리당 영등굿(2009)

남사당놀이(2009)

영산재(靈山齋)(2009)

대목장(大木匠), 한국의 전통 목조 건축(2010)

매사냥, 살아 있는 인류 유산(2010)

가곡(歌曲), 국악 관현반주로 부르는 서정적 노래(2010)

줄타기(2011)

택견, 한국의 전통 무술(2011)

한산(韓山) 모시 짜기(2011)

아리랑, 한국의 서정 민요(2012)

김장, 김치를 담그고 나누는 문화(2013)

농악(農樂)(2014)

줄다리기(2015)

제주해녀문화(2016)

자연유산

제주 화산섬과 용암 동굴(2007)

필요한 설명을 추가한다. 한국에 고인돌이 세계 어느 나라보다 많이 있어 '고창(高敞) 화순(和順) 강화(江華) 고인돌 유적'이 지정되었다. '종묘(宗廟) 제례(祭禮) 및 종묘 제례악(祭禮樂)'은 서울 종묘에서 거행하는 조선왕조 역대 국왕에 대한 제사와 제사 음악이다. '강릉단오제(江陵端午祭)'는 강릉에서 단오때 거행하는 대규모의 마을 굿이다. '영산재(靈山齋)'는 죽은 사람의 혼을 좋은 곳으로 보내는 불교 의례이다. '제주 칠머리당영등굿'은 제주도의 한 마을에서 풍요와 안녕을 비는 무당굿이다.

'가곡(歌曲)'은 악기 반주에 맞추어 시조를 노래하는 음악이다. '택견'은 전통 무예이며, 태권도와 연결된다. '김장'은 김치를 만들고 나누는 풍속이다. '불조직지심체요절(佛祖直指心體要節)'은 불교 서적이며, 세계 최초 활자 인쇄본이다. 보존하는 집 '해인사(海印寺) 장경판전(藏經板殿)'은 문화유산으로, 평판 자체 '고려대장경판(高麗大藏經板) 및 제경판(諸經板)'은 기록 유산으로 지정되었다. '제경판(諸經板)'은 대장경 이후에 만든 여러 경판이다.

석굴암(ⓒ허균)

전국에 좋은 곳이 아주 많아 다 소개하기 어렵다.

본보기 열둘만 우선 찾아간다.

서울은 삼각산과 한강수로 상징을 삼고,

다른 곳들도 각기 특색이 있다.

어디부터
찾아갈까

강화　　서울　　　　　강릉

충주

부여　　　　　　안동

전주　　　　　　경주

담양　　　　　　　　부산

통영

제주

● 어디부터 찾아갈까

● 서울

　서울은 한반도의 중앙에 자리 잡은 오랜 수도이다. 김상헌(金尙憲)의 시조에 "잘 있거라 삼각산(三角山)아, 다시 보자 한강수(漢江水)야"라고 했듯이, 삼각산과 한강수를 상징으로 삼는다. 삼각산은 북한산(北漢山)이라고도 한다. 남쪽에는 남산(南山), 서쪽에는 인왕산(仁王山), 동쪽에는 낙산(駱山)이 있다. 시가지 한가운데 청계천(淸溪川)은 수난과 변천을 많이 겪다가 지금은 맑은 물이 흐르는 아름다운 모습으로 단장되어 있다.

　풍납(風納)토성과 몽촌(夢村)토성 일대는 백제(百濟) 초기의 수도였다. 서울 중심지는 고려시대에는 양주(陽州) 고을이며, '남경(南京)'이라고도 했다. 조선왕조가 도읍으로 삼고 '한성(漢城)' 또는 '한양(漢陽)'이라고 했다. 조선 초기에 사방 둘러쌓은 성이 무너진 것을 보수해놓았다. 사방의 성문 가운데 남쪽의 숭례문(崇禮門), 동쪽의 흥인지문(興仁之門)이 남아 있다. 궁궐은 경복궁(景福宮), 창경궁(昌慶宮), 덕수궁(德壽宮)이 남아 있다. 조선왕조 역대 국왕에게 제사를 지내는 종묘(宗廟) 제례(祭禮) 및 종묘 제례악(祭禮樂)이 유네스코 세계유산으로 지정되어 있다.

일본이 식민지 통치를 하면서 고도(古都)의 면모를 훼손했다. 경복궁 전면을 헐고 총독부를 세운 것을 다시 헐고 원래의 모습을 복원했다. 1950~53년의 전쟁으로 파괴되고 재건된 곳이 많다. 강남이 개발되고, 도시화된 인근 지역까지 포함해서 서울은 면적이 늘어나고, 인구가 1천만을 넘어섰다. 지하 교통이 발달해 지하철역이 세계에서 가장 많은 도시가 되었다. 오늘날에도 역사적인 도시의 면모를 잘 보존하고 있다. 국립중앙박물관을 크게 지어 한국문화 전반에 관한 많은 자료를 전시하고 있다. 국립현대미술관 세 곳과 서울시립미술관을 비롯한 여러 미술관이 있다.

● 강화

강화(江華)는 서북쪽에 있는 섬이다. 전에는 경기도였는데, 지금은 인천광역시에 소속되어 있다. 마니산(麻尼山) 참성단(塹城壇)과 삼랑성(三郎城)이 단군(檀君)과 관련된 유적이라고 한다. 고려 조정이 몽골의 침공을 피해 와서 임시 수도로 삼았다. 궁터가 남아 있어 오랜 역사를 증언한다. 전등사(傳燈寺)가 고찰이며 경치가 빼어나다. 배를 타고 가야 하는 석모도(席毛島)에 있는 보문사(普門寺)도 유래가 오래되고 규모가 큰 절이다.

조선 시대 정제두(鄭齊斗)를 비롯한 여러 학자가 양명학(陽明學)을 연구해 강화학파가 이루어졌다. 서울을 지키는 요새여서 외침이 잦았다. 곳곳에 방어 진지가 있어도 적을 막지 못했다. 프랑스 군이 병인양요(丙寅洋擾), 미국군이 신미양요(辛未洋擾)를 일으키고, 일본군의 위협으로 병자수호조약(丙子修護條約)을 체결해야 했다.

● 강릉

강릉(江陵)은 강원 동쪽 중앙, 동해 바닷가에 있다. 원래 예국(濊國)이었는데 신라에 합병되었다. 대도호부(大都護府)라고 하던 큰 고을이다. 이이(李珥), 허균(許筠) 등의 명사들이 태어난 곳이며 이를 기념하는 유적이 있다. 대관령(大關嶺) 산신을 모시고 벌이는 굿놀이 강릉단오제(江陵端午祭)가 유네스코 세계문화 유산이다.

경포대(鏡浦臺)를 비롯해 해안 곳곳에 절경이 있다. 바닷가에 호수가 있는 경포대는 달맞이를 하는 명소이다. 달이 뜨면 달이 하늘에도, 바다에도, 호수에도, 술잔에도, 임의 눈에도 있어 다섯 개가 된다고 하는 곳이다. 서울과 같은 위도의 동쪽 끝이어서 '정동진(正東津)'이라는 곳에도 사람들이 몰려든다.

● 충주

충주(忠州)는 충북 동북쪽에 있다. 신라와 고구려가 다투던 곳이다. 남한강(南漢江) 가의 절경 탄금대(彈琴臺)가 가야에서 신라로 온 우륵(于勒)이 가야금을 연주하던 곳이라고 한다. 고 구려가 남진을 한 위세를 나타낸 커다란 비가 있다. 통일신라 때 나라의 중앙에 있다고 해서 중원경(中原京)을 설치한 내력 이 있어, 그 비 이름을 중원비(中原碑)라고 한다. 탁월한 능력 을 펴지 못하고 좌절한 조선 시대 명장 임경업(林慶業)이 이 고 장 사람이다. 충렬사(忠烈祠)에 영정을 모시고 제사를 지낸다.

수안보(水安堡)에는 오래된 온천이 있다. 남한강에 충주댐을 만들어 거대한 규모의 충주호가 생겨나 관광 명소가 되었다. 이곳을 전승 중심지로 한 전통무예 택견이 유네스코 무형유산 으로 지정된 것과 관련시켜 세계무술축제가 열린다.

● 부여

부여(扶餘)는 충남 서쪽에 있다. 사비(泗沘)라고 일컬어지던 백제의 마지막 도읍이다. 부소산성(扶蘇山城)이 가장 중요한 유적이고, 고분, 절터와 탑이 산재해 있다. 부소산성 밑으로 흐르는 금강을 백마강(白馬江)이라고 하고, 그 일대를 배경으로 한 여러 전설이 망국의 한을 전한다. 낙화암(落花巖) 전설도 그 가운데 하나이다. 낙화암 아래에는 고란사(皐蘭寺)라는 절이 있다. 백제 정원의 유적 궁남지(宮南池)에는 여름에 연꽃이 많이 핀다.

국립부여박물관에 가면 백제의 역사와 문화를 볼 수 있다, 무량사(無量寺)는 조선시대 승려 시인 김시습(金時習)이 세상을 떠난 곳이어서, 화상을 모신 전각이 있다. 마을 이름을 따서 은산별신제(恩山別神祭)라고 하는 대규모의 마을 굿이 전승되고 있다.

● 안동

안동(安東)은 경북 북쪽 중앙에 있다. 낙동강이 한가운데 흐른다. 예안(禮安)을 합병해서 면적이 늘어났다. 고려 건국을 도운 세 공신을 모신 삼태사묘(三太師廟)가 있어 오랜 내력이 있는 고장임을 말해준다. 공민왕(恭愍王)이 홍건적(紅巾賊)의 난을 피해 피란 와서 유물과 전설을 남겼다.

이황(李滉)이 강학하던 곳에 건립한 도산서원(陶山書院)이 있어 유교문화의 본고장이라고 평가되고, "한국 정신문화의 수도"라고 자처한다. 임진왜란 때 큰 공을 세운 명재상 유성룡(柳成龍)의 마을 하회(河回)가 경주의 양동(良洞)과 함께 유네스

코 세계문화유산으로 지정되었다. 하회에는 '하회별신굿놀이'
라고 하는 탈춤이 전승된다.

● 경주

경주(慶州)는 경북 동남쪽에 있다. '서벌(徐伐)' 또는 '서라벌
(徐羅伐)'이라고 일컬어지던 신라의 도읍지이다. '서벌' 또는
'서라벌'이라는 말이 서울로 이어진다. 고려 시대에는 '동경(東
京)'이라고 하다가 경주가 되었다. 신라의 유적과 유물이 많이
남아 있다. 유네스코 지정 세계문화 유산이 셋이나 된다. 석굴
암(石窟庵)과 불국사(佛國寺)가 먼저 지정되고, 경주 역사유적
지구 전체가 추가되었다.

국립경주박물관에 가면 신라의 역사와 문화를 볼 수 있다.
조선시대의 모습을 많이 간직한 양동(良洞)은 하회(河回)와 함
께 역사마을로서 세계문화유산으로 지정되었다. 최제우(崔濟
愚)가 동학(東學)을 창건한 곳이기도 하다. 관광객을 위해 보문
(普門) 지구를 개발해 숙박과 휴양을 위한 단지를 조성했다.

● 부산

부산(釜山)은 국토 동남쪽 끝에 있다. 서울 다음으로 큰 도시
이고, 가장 큰 항구이다. 조선시대에는 큰 고을 동래(東萊) 곁
에 있던 작은 포구 부산포(釜山浦)가 급격하게 성장해 인근의

여러 고을과 마을을 통합했다. 경상남도 도청소재지였다가 분리되고 광역시가 되었다. 복천동고분군(福泉洞古墳群)은 가야의 유적이다. 북쪽 금정산(金井山)에 금정산성(金井山城), 범어사(梵魚寺)가 있다. 범어사는 신라 때 세운 절이고, 금정산성은 조선시대에 쌓았다. 동래 일대가 임진왜란(壬辰倭亂) 때의 격전지여서 기념물이 있다.

현대화된 대도시이지만 관광지로서의 매력도 지니고 있다. 해운대(海雲臺), 태종대(太宗臺) 등 경치가 빼어난 해안 명소가 여러 곳 있다. 수영야류(水營野遊)라는 탈춤이 전승된다. 낙동강(洛東江) 하구(河口) 을숙도(乙淑島)는 철새 도래지이다.

● 통영

통영(統營)은 경남 중남쪽에 있다. 고성반도(固城半島) 남부 남해안이다. 다양한 성격을 지닌 매력적인 곳이다. 한산도(閑山島), 욕지도(欲知島) 등 140여 개의 섬이 한려(閑麗)해상국립공원의 일부를 이루며 경치가 빼어나다. 임진왜란 때 한산도에서 이순신(李舜臣)이 큰 승리를 이룩했다. 그 뒤에도 수군통제영(水軍統制營)이 있던 곳이어서 '통영'이라고 한다.

해안선이 길고 바다가 잔잔해 양식어업이 발달했다. 멸치, 굴, 미역 등의 특산물이 있다. 나전칠기(螺鈿漆器) 등의 우수한 전통공예품을 전시하는 전통공예관이 있다. 유치환(柳致煥),

윤이상(尹以桑), 박경리(朴景利) 등 많은 예술인을 배출한 곳이고, 각기 기념관이 있다.

● 전주

전주(全州)는 전북 중앙에 있다. 오랜 내력을 가진 고을이며, 후백제(後百濟)의 수도였다. 조선왕조 태조 선조의 고향이라고 하고, 경기전(慶基殿)에 태조의 어진을 봉안하고 있다. 성으로 둘러싸였고 사대문이 있었는데, 지금은 남문인 풍남문(豊南門)만 남아 있다. 풍남문 현판에 "호남제일성(湖南第一城)"이라는 현판을 걸어 놓았다. 조선왕조 때 전라감영(全羅監營)이 있던 곳이다.

덕진(德津)공원 연못 일대의 경치가 빼어나고, 여름에는 연꽃이 많이 핀다. 한옥이 잘 보존된 한옥마을이 있다. 종이의 명산지이고, 접부채 합죽선(合竹扇)을 잘 만든다. 음식을 잘 하는 고장으로 높이 평가되며, 특히 비빔밥과 한정식이 유명하다.

● 담양

담양(潭陽)은 전남 북쪽에 있다. 독립된 고을이던 창평(昌平)을 합병했다. 북쪽에 추월산(秋月山), 금성산(金城山), 금성산성이 있고, 남쪽은 평야이다. 조선시대의 이름난 정자 면앙정(俛仰亭), 식영정(息影亭), 송강정(松江亭) 등이 있으며, 이들 정자를 배경으로 가사가 많이 창작되었다. 가사문학관(歌辭文學館)에서 자료를 보관하고 전시하고 있다.

소쇄원(瀟灑園)은 아름답기로 이름 난 전통정원이다. 대나무가 많은 고장이다. 녹죽원(綠竹園)이라는 대나무 숲이 있다. 대나무를 이용한 죽세공품을 잘 만든다. 죽순(竹筍) 요리도 잘 한다.

● 제주

제주(濟州)는 국토 남쪽 바다에 있는 섬이다. 한라산(漢拏山)이 중앙에 솟아 있는 화산섬이다. 마라도(馬羅島), 가파도(加波島), 우도(牛島) 등의 부속 도서가 있다. 추자도(楸子島)도 제주에 속한다. 성산일출봉(城山日出峰), 산방산(山房山) 등의 바위산 경치가 빼어나다. 오름이라는 이름의 기생화산이 아주 많다. 화산섬과 동굴이 유네스코 세계 자연유산으로 지정되었다. 고량부(高梁夫) 삼성의 시조가 땅에서 솟아나 나라를 세운 신화가 전한다. '탐라국(耽羅國)'이라는 독립국이었다가 백제에 합병되었다.

마을마다 신당이 있고, 신방(神房)이라고 하는 무당이 굿을 하면서 당신(堂神)의 내력을 노래한다. 칠머리당 영등굿은 유네스코 세계 무형문화 유산으로 지정되었다. 특별자치도가 되었다.

● 부여

● 안동

● 경주

● 부산

● 통영

● 전주

● 담양

● 제주

사진 출처: https://pixabay.cor

2

안팎의 역사

기원전

70만년경	●	구석기 문화
6천년경	●	신석기 문화
2천년경	●	청동기 문화, 고조선(古朝鮮) 건국
194	●	위만(衛滿)이 고조선 국권 장악
108	●	고조선 멸망, 한사군(漢四郡) 설치
		부여(夫餘), 예(濊), 옥저(沃沮),
		마한(馬韓), 한(辰韓), 변한(弁韓) 등
		여러 나라 등장
57	●	신라(新羅) 건국
37	●	고구려(高句麗) 건국
18	●	백제(百濟) 건국, 삼국시대 시작
		가야(伽倻), 탐라(眈羅),
		우산국(于山國) 등도 등장

기원후

498	●	탐라, 백제에 통합
512	●	우산국, 신라에 통합
562	●	가야, 신라에 통합
660	●	백제 멸망
668	●	고구려 멸망, 통일신라시대 시작
698	●	발해(渤海) 건국

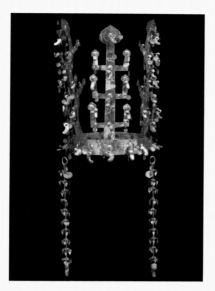

신라 금관(국립경주박물관 소장)

고려 태조 현릉(출처 : 한국민족문화대백과사전)

인정전(ⓒ허균)

인정전 〈일월오봉도〉(ⓒ허균)

900	후백제 건국
901	후고구려 건국, 후삼국시대 시작
926	발해 멸망
936	고려(高麗) 후삼국 통일
958	과거제 실시
1170	고려 무신란
1231~39	몽골군 침입
1392	조선(朝鮮)왕조 건국
1443	한글 창제
1592~98	임진왜란(壬辰倭亂)
1623	인조반정(仁祖反正)
1627	정묘호란(丁卯胡亂)
1636	병자호란(丙子胡亂)
1811	홍경래란(洪景來亂)
1860	최제우(崔濟愚) 동학(東學) 창건
1894	동학혁명, 갑오경장(甲午更張)
1897	대한제국(大韓帝國) 선포
1910	일본 침략 식민지 통치 시작
1919	3·1운동, 대한민국임시정부 수립
1945	일본 패망, 광복
1948	남북 분단
1950~53	전쟁
1972	남북공동성명
2000	남북정상회담

인구가 조선왕조 건국 초기에
500만을 넘어서고
16세기 말에 1천만에 이르렀다.
18세기 후반에는 2천만에 이르러,
2천만 동포 하는 말을 하게 되는
근거를 만들었다.

역사의
전개 훑어보기

● 역사의 전개 훑어보기

오늘날의 한국 국토에는 선사시대 문화의 자취가 차례대로 남아 있다. 전기·중기·후기 구석기 유물이 빠짐없이 발견되어 역사 이해의 상한선이 높아지게 한다. 그 뒤를 이은 신석기시대의 유적과 유물도 많이 남아 있다. 그때까지의 원시시대 사람들은 작은 집단을 이루어 살기만 하고 더 큰 집단을 이루는 동질성은 생각하지 않아 민족이라고 할 만한 것이 생겨나지 않았다. 민족문화의 영역을 구분할 수 있는 기준도 없다.

다음의 청동기시대에 이르러 큰 집단끼리의 정복전쟁이 벌어지고, 승리한 집단은 자아의식을 표방했다. 그 시기가 고대이다. 고조선이나 부여를 건국한 집단이 자기네는 선조가 하늘에서 내려온 천신족(天神族)이라고 자부하는 자기중심주의를 내세운 것을 최초의 민족의식이라고 할 수 있다. 그것은 패배한 집단이나 피치자와의 동질성을 거부하는 배타적이고 폐쇄적인 사고형태여서 상당한 결격사유가 있다.

고구려 무용총 수렵도

삼국시대에 시작된 중세의 사회와 사고가 고려를 거쳐 조선시대에 성숙되었다. 중세에는 치자와 함께 피치자도 같은 사람이라고 하는 보편주의의 사고가 나타나고, '민본(民本)'의 방침으로 다스려 백성이 순종하도록 해야 한다고 했다. 공동문어를 함께 쓰고 세계종교를 함께 받드는 데 참여하는 상층치자들끼리의 정신적 유대가 민족의 구분을 넘어서서 소중한 의의가 있다고 한 것이 중세보편주의의 대외적인 의의였다. 민족 상위에 문명권이 있다고 하는 이중소속의 시대가 삼국에서 조선전기까지 오래 지속되면서, 그 둘 사이의 관계 인식이 달라졌다.

조선후기에 중세에서 근대로의 이행기로 들어서자 하층피치자가 들고일어나, 민을 객체로 한 민본을 민을 주체로 한 '민주(民主)'로 바꾸어놓고자 하는 운동을 다각도로 벌였다. 그런 요구를 상층치자가 받아들이지 않을 수 없어, 안으로 평등사회를 이룩하려고 노력하면서, 밖으로는 문명권의 유대를 버리고 국가는 배타적인 주권을 행사해야 한다고 하게 된 시대가 근대이다. 그럴 때 외세의 침략이 닥쳐와, 민족의 유대를 집약해 나타낸 "2천만 동포"가 항거의 주체가 되어야 한다고 했다.

한문을 버리고 한국어를 공용어로 삼고 국어로 받들어 민족의식의 구심점으로 삼았다. 일제의 침략으로 국권을 상실할 위기가 닥쳤을 때 주시경(周時經)은 나라의 독립에 세 요건이 있어, 영토는 독립의 터전이고, 민족은 독립의 주체이고, 언어는 독립의 정신이라고 했다. 언어를 소중하게 여기고 국어를 정리하고 교육하는 데 힘썼다. 이런 의식을 가지고 광복을 이룩하는 절대적인 과제로 삼아 투쟁해왔으며, 남북 분단을 극복하고 통일을 이룩하려고 노력한다.

인구의 증가는 생산의 증대, 의료의 발달, 사회보장 시책 등과 관련되어 역사 발전의 주요 동력인데, 자료 미비로 어느 정도의 추정이 가능할 따름이다. 인구가 조선왕조 건국 초기에 500만을 넘어서서 상승기에 들어서서 16세기 말에 천만에 이른 것으로 보인다. 18세기 초부터 더욱 상승해 18세기 후반에는 2천만에 이르러, 2천만 동포 하는 말을 하게 되는 근거를 만들었다. 2천만 동포가 광복을 이룩할 때에는 3천만으로 늘어났다. 오늘날의 한국인은 7,600만쯤으로 늘어났다. 5,100만이 남쪽에, 2,500만이 북쪽에 산다.

한민족의 해외이주는 19세기 말부터 시작되어 20세기에 들

종묘 정전(ⓒ허균)

어와서 부쩍 늘어났다. 식민지통치를 피하고, 새로운 삶의 터전을 찾고자 하는 의도도 있어, 세계 여러 나라를 찾아가는 사람들이 나날이 늘어나 총수가 700만쯤 된다.

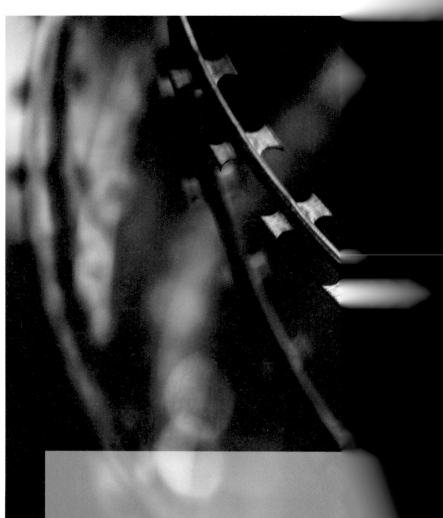

한국인은 전쟁이 적어 평화롭게 살았다.

충돌을 막기 위한 외교적인 노력을 평가해야 한다.

한국은 중국을 잘 알아 외교력으로 침공을 막았다.

전쟁을 막은 또 하나의 비결은

문민 통치를 확립한 것이다.

군인이 소수여서 농민이 그만큼 행복했다.

전쟁과 평화

● 전쟁과 평화

한국은 외국을 침공한 적 없는 나라이다. 고구려의 광개토대왕(廣開土大王)은 만주 일대의 여러 민족을 국가의 구성원으로 통합하고자 했다. 조선왕조 세종 때에 일본의 대마도(對馬島)를 쳐서 왜구(倭寇)를 소탕하려고 한 것이 유일한 해외원정이다. 청나라의 요청을 받고 러시아군을 물리친 것까지 들어 자랑으로 삼는 것은 지나치다.

침공을 당한 사실은 많이 있다. 연대까지 들어 정리해보자. 기원전 108년에 중국 한(漢)나라가 침공해 고조선이 멸망하고, 한사군(漢四郡)을 설치했다. 660년과 668년 중국 당(唐)나라의 침공으로 백제와 고구려가 멸망했다. 926년 거란의 침공으로 발해가 멸망했다. 1231~1239년 몽골군이 침공해 전국을 유린하고, 많은 문화재를 파괴했다. 왜구의 침탈이 자주 일어나다가, 1592년에 일본이 임진왜란(壬辰倭亂)을 일으켜 전국에서 살상과 약탈을 자행했다. 1627년과 1636년 만주족의 나라가

▲광개토대왕릉비((ⓒ허균) ◀ 유성룡, 「징비록」(출처 : 문화재청)

거듭 침공해 정묘호란(丁卯胡亂)과 병자호란(丙子胡亂)을 일으
켰다. 병자호란 때에는 국왕이 항복했다. 1905~10년 일본의
침략에 의병을 일으켜 맞서다가 패배해 국권을 상실했다.

  이런 내력을 들어 한국은 끊임없이 외침에 시달린 불행한
나라라고 자탄하는 것은 사리에 맞지 않는다. 세계를 둘러보
면 외침을 이 정도만 받은 나라가 드물다. 국권을 상실한 얼마
동안 절망에 사로잡혀 자탄을 지나치게 한 줄 알고 사실 판단
을 정확히 한다. 외국 경우와의 비교가 반드시 필요하다.

  침공한 외국군이 물러가지 않고 새로운 통치자가 되어 나라
를 온통 바꾸어놓는 사태가 흔히 있고, 중국에서는 거듭 일어
나 사정을 잘 알 수 있다. 한나라가 한사군을 설치해 한국에서

도 비슷한 사태가 벌어졌다고 할 수 있으나, 독자적인 힘으로 밀어내고 침략의 역사를 종식시켰다. 일본의 식민지 통치를 받은 것은 개탄할 일이지만, 한 시대 세계사의 불행을 다른 어느 곳보다 단기간인 30여 년 동안만 겪고, 저력을 쇄신해 새로운 역사를 창조하는 계기로 삼았다.

일본과 견주어 한국은 외침이 많았던 나라라고 한다. 일본은 지리적인 특성 때문에 외침은 피할 수 있었으나, 내부 사정으로 말미암아 내전이 자주 일어났다. 무사가 정권을 잡고 혈전으로 쟁패한 역사가 계속되고, 전국이 싸움터가 되는 시대가 자주 있었다. 한국은 660년 백제 멸망, 668년 고구려 멸망까지의 삼국 통일전쟁, 900년 후백제 건국에서 936년 고려에 의한 통합에 이르기까지 후삼국 통일전쟁이 있었을 따름이고 다른 내전이 없었다. 1811년의 홍경래란(洪景來亂), 1894년 동학혁명은 전면적인 내전으로 발전하지 않고 종식되었다. 1950~53년의 사변은 냉전시대의 국제전이 내전으로 나타나 별도로 고찰해야 할 사안이다.

한국인은 전쟁이 적어 평화롭게 살았다. 평화를 사랑하는 민족이어서 그랬다고 할 것인가? 전쟁이 적은 것이 이유가 되어 평화롭게 살았다고 하는 것이 정확한 설명이다. 전쟁이 적으면 생명과 재산을 보존하면서 온전하게 살 수 있어 행복하다. 어째서 전쟁이 적었던가? 이것이 궁금하다.

한국이 외국을 침공해 국력을 뽐내지 않은 것이 유감이라고

수원 화성행궁 신풍루 앞 장용영 무예 재현

하는 것은 잘못된 생각이다. 한국인은 국토가 비옥하고 자연재해가 적어 농사가 잘 되니 구태여 밖으로 나가야 할 이유가 없었다. 개간하면 옥토가 될 수 있는 황무지가 적지 않은데 많은 희생을 치르고 국토를 넓혀야 할 이유가 없었다. 농사짓기에 부적당한 불모의 땅까지 탐내는 것은 더욱 어리석다. 국토가 넓으면 자랑스럽다는 것은 대국주의 · 영웅주의 · 제국주의의 헛된 발상이다.

전쟁이 적었던 것은 그냥 주어진 혜택이 아니고 노력한 성과이다. 충돌을 막기 위한 외교적인 노력을 한 것을 먼저 평가해야 한다. 통일신라 이후 중국과의 책봉관계를 잘 유지해 침공을 할 구실을 주지 않았다. 책봉관계를 부정적으로 평가하는 견해에 관해서는 별도의 항목에서 논의하기로 한다. 여기서는 월남과의 비교를 통해 논의를 전개한다.

월남은 한(漢)나라의 침공으로 주권을 잃고 당(唐)나라의 지배를 받기까지 오랜 기간 동안 중국에 예속되어 있다가 가까스로 독립했다. 그 뒤에도 월남을 차지하려고 하는 중국 역대왕조 송(宋) · 원(元) · 명(明) · 청(淸)의 침공군을 맞이해 힘들게 싸워 물리쳤다. 자랑스러운 승리를 하고 중국의 천자가 월남의 국왕을 책봉하는 관계 회복을 성과로 얻었다. 한국은 전쟁을 하지 않고 책봉관계를 유지했다. 원나라나 청나라도 한국을 차지하려고 하지는 않고 자기 나라의 책봉을 받으라고 했다.

한국은 중국을 잘 알아 외교력으로 침공을 막았다. 무력은 높이 평가하고 외교력은 역량이 아니라고 하는 것은 잘못이다. 무력을 사용하면 승리를 장담할 수 없고 백성이 많이 상한다. 외교력을 사용하면 전후의 사태를 냉철하게 헤아릴 수 있고, 백성을 수고롭게 하지도 않는다. 무력이 아닌 외교력으로 나라를 지킨 덕분에 월남인보다 한국인이 더 편안하게 살았다.

전쟁을 막은 또 하나의 비결은 문민 통치를 확립한 것이다. 붓을 든 문인이 칼을 든 무인을 통솔하고 지배하기는 아주 어려우며, 고도의 지혜를 갖추어야 가능하다. 세계 대부분의 나라에서 생각하지도 못한 과업을 한국에서는 성취했다. 문민 통치와 외교력은 불가분의 관계이다. 문민 통치가 외교력을 키웠다. 외교력이 큰 힘을 가진다는 것을 입증해야 무인을 진정시킬 수 있었다. 무인은 힘을 자랑하고 존재 의의를 입증하기 위해 전쟁을 원할 수 있다. 문인은 무인의 대두를 막기 위해서도 평화를 바란다.

한국에서는 문인이 통치를 하면서 무인은 지위를 낮추고 수를 줄였다. 조선왕조는 군인의 수가 세계 어디에도 전례가 없이 줄어든 나라가 되었다. 그래서 임진왜란 초기에 어이없이 패배했다고 나무랄 수 있으나, 군사력이 곧 국력인 것은 아니다. 일본에서는 생각할 수도 없는 의병이 전국에서 일어나고, 기술과 지략의 우위가 이순신(李舜臣)의 승리를 가져왔다. 조선왕조가 망하고 식민지통치가 시작될 때에는 군사력 부족을 더욱 개탄해야 할 사태가 벌어졌다. 그러나 한국은 관군의 나라가 아니고 의병의 나라임을 다시 입증했다. 의병이 침략군과 싸우다가 독립군으로 발전하고, 주도권을 하층에서 행사해 역사를 쇄신했다.

군인이 소수이면 농민은 행복하다. 군인으로 뽑혀갈 염려가 적어서 안심할 수 있다. 군인 먹일 것을 대느라고 자기는 굶주려야 하는 불행이 적어진다. 세계 어디에도 농민이 농사지어 자기가 다 먹는 나라는 없다. 농민이 생산물을 나라에 바쳐 국가를 유지하고, 상층을 먹여 살려야 한다. 국가 유지비에서 군사비가 큰 비중을 차지하고, 상층만이 아닌 군인의 식량까지 대량으로 대야 하면 농인은 부담이 가중된다. 그래서 일본의 농민은 한국의 농민보다 더 불행했다.

한국의 농민이 편안하게 잘 살았다는 것은 아니다. 관원들의 토색질이니 가렴주구(苛斂誅求)니 하는 것에 시달렸다. 이런 사태를 두고 말이 많다. 말이 많은 것은 농민을 옹호하고자 하기 때문이다. 착취에 대한 비판의 강도가 착취의 정도와 비례하는 것은 아니다. 다른 여러 나라와 견주어보면 한국의 농민은 옹호를 더 받고, 착취를 덜 받은 편이다. 핵심이 되는 이유는 한국이 평화의 나라라는 데 있다. 평화는 백성의 삶과 직결되어 구체적인 의미를 가지므로 추상명사가 아니다.

평화사상도 살피기 위해 흥미로운 자료를 든다. 광개토대왕릉비(廣開土大王陵碑)에서 대왕을 칭송한 말을 보자. 무력을 사방에 뽐낸 영웅담이 있을 것이라고 기대되는데, "뭇 사람이 편안히 생업에 종사하고(庶寧其業)", "오곡이 풍성하게 익게 했도다(五穀豊熟)"라고 한 것이 최대의 공적이라고 했다.

후삼국이 쟁패를 할 때 견훤(甄萱)이 왕건(王建)에게 보낸 편지에서는 무력이 강성하다고 자랑하면서 겁을 주었다. 왕건이 견훤에게 보낸 편지에서는 "농사짓고 길쌈하는 백성들이 생업을 즐기고", "사졸이 한가하게 잠을 자는" 시절이 다시 오게 하겠다고 했다. 견훤이 지고 왕건이 이겨 전쟁을 물리치는 평화의 힘을 입증했다.

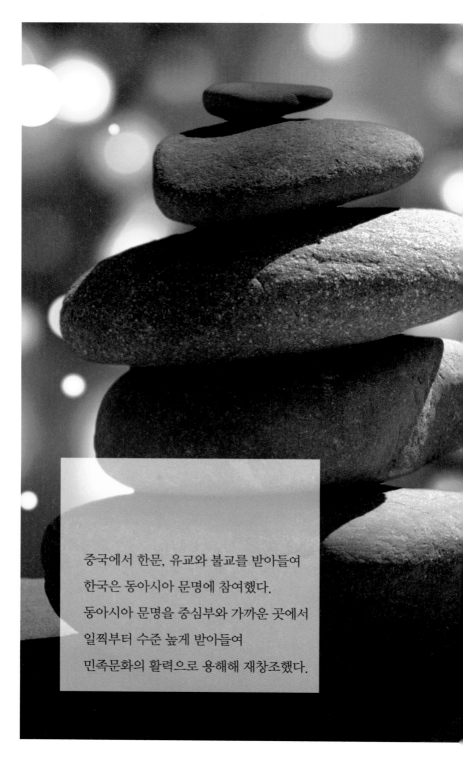

중국에서 한문, 유교와 불교를 받아들여
한국은 동아시아 문명에 참여했다.
동아시아 문명을 중심부와 가까운 곳에서
일찍부터 수준 높게 받아들여
민족문화의 활력으로 용해해 재창조했다.

문명권 참여

● 문명권 참여

한국은 중국에서 유교와 불교, 한문을 받아들였다. 이것은 민족 주체성의 훼손이 아닌가? 안에서는 이런 의문이 제기된다. 한국은 중국의 복제·축소품이니, 특별히 보고 평가할 것이 있는가? 밖에서는 이런 의문을 제기한다.

이런 의문에 대해 한국문화의 자랑을 늘어놓으면서 대답하는 것은 어리석다. 문화에서 문명으로 논의의 수준을 높여야 한다. 사람이 살아가면서 이룩한 가치관 및 그 실현방식 가운데 포괄적인 성격의 상위개념이 문명이고, 개별적 특성을 지닌 하위개념이 문화이다. 문명은 여러 민족이나 국가가 공유한다. 문화는 민족이나 국가 또는 집단이나 지역에 따라 특수화되어 있다.

중국에서 유교와 불교, 한문을 받아들여 한국은 동아시아 문명에 참여했다. 유교와 불교, 한문이 중국 안에 머무르고 있을 때에는 동아시아 문명이 없었다. 한국이 최초로 받아들이

▲▲중국 북경 천안문 ▲일본 천황이 거처하는 황거(皇居)

자 그것들이 중국의 범위를 넘어선 공유재산이 되어 동아시아 문명이 이루어졌다.

문명은 공동문어와 보편종교를 공유하는 광범위한 공동체가 이루어낸 창조물이다. 동아시아 문명의 공동문어는 한문이고, 보편종교는 유교와 불교이다. 동아시아의 불교는 대승불교만이고 한문 경전을 사용하는 점이 다른 곳들의 불교와 구별되는 특징이다. 동아시아 문명권은 한문-유교·불교 문명권인데, 한문 문명권이라고 줄여 말할 수 있다.

동아시아 문명권은 한문-유교·불교 문명권, 남·동남아시아의 산스크리트-힌두교·불교 문명권, 서아시아·북아프리카의 아랍어-이슬람 문명권, 유럽의 라틴어-기독교 문명권과 대등한 비중을 가진 거대 문명권이다. 이런 문명권이 생기면서 세계사의 중세가 시작되었다. 문명권에 들어가서 중세화하는 것이 역사 발전의 당연한 과정이다. 그렇지 못한 곳들은 낙후한 상태로 남아 있다가 중세화한 국가의 침해를 받았다.

문명권에는 중심부·중간부·주변부가 있다. 동아시아 문명에서는 (가) 중국이 중심부이고, (나) 한국과 월남이 중간부이고, (다) 일본이 주변부이다. 산스크리트 문명권에서는 (가) 인도 중원지방, (나) 남인도의 타밀(Tamil)이나 동남아시아의 크메르(Khmer), (다) 동남아시아의 자바; 아랍어 문명권에서는 (가) 아랍어를 모국어로 하는 곳들, (나) 페르시아, (다) 동아프리카 스와힐리(Swahili); 라틴어 문명권에서는 (가) 이탈리아,

(나) 프랑스나 독일, (다) 영국이나 스칸디나비아가 중심부·중간부·주변부이다.

문명은 문명권 전체에서 같아도 문화는 국가·민족·지방에 따라 다르다. 공동문어문학인 한문학, 산스크리트문학, 아랍어문학, 라틴어문학은 문명의 동질성을, 개별언어 한국어, 타밀어, 페르시아어, 독일어 등의 민족어문학은 문화의 이질성을 보여주었다. 문명권의 중심부는 공동문어문학을 주도하느라고 민족어문학에서 뒤떨어지고, 주변부는 공동문어문학이 뒤떨어진 결함을 민족어문학을 일찍 발전시켜 상쇄했다. 중간부에서는 공동문어문학과 민족어문학이 대등하고 근접된 관계를 가졌다.

7세기 이전에 이미 절정에 이른 한시를 동아시아 전역에 시 창작의 전범으로 제공한 중국이 구두어 백화시(白話詩)는 20세기에야 마련했다. 한시문 창작 능력이 중국은 물론 한국보다도 뒤떨어진 일본은 자국어시 화가(和歌, 와카)의 아주 많은 작품을 8세기에 집성했다. 한국에서는 이규보(李奎報)를 비롯한 여러 시인이 한시를 민족문학으로 창작한 것이 월남의 경우와 상통한다. 「용비어천가(龍飛御天歌)」 같은 국문서사시를 이룩한 것은 특이한 사실이다.

이규보는 구전을 정착시키고 구비서사시에 상응하는 창작을 한문으로 해서, 민족문화의 전통과 이중으로 밀접한 관련을 가지고 영웅서사시 「동명왕편(東明王篇)」을 창작했다. 서사

무가로 전승되는 구비서사시를 기록문학으로 격상하고자 하는 오랜 희망이 있어 한글을 창제하자 바로「용비어천가」를 내놓았다고 생각된다. 이 작품에서는 조선왕조를 창건한 역대 주역이 중국 고대 제왕들을 본보기로 한 유교의 정치이념을 대등한 수준으로 구현했다고 칭송했다.

한국은 동아시아 문명을 중심부와 가까운 곳에서 일찍부터 수준 높게 받아들여 민족문화의 활력으로 용해해 재창조했다. 그 성과가 동아시아 문명의 발전이면서 한국문화의 자랑이다. 문학작품, 학문저술, 창조물, 조형물, 공연물 등 문화의 여러 영역에서 많은 본보기를 들 수 있다. 그 가운데 조형물을 둘 들어본다.

광개토대왕릉비(廣開土大王陵碑) 일명 호태왕릉비(好太王陵碑)는 여러 면에서 획기적인 의의를 지닌다. 높이 6.38미터, 너비 1.35~2미터의 거대한 크기의 사면에 1.775자의 글씨를 새겨놓은 위용이 대단하다. 고구려 건국신화를 서두에 내놓고 광개토대왕의 업적을 기록해, 국가의 위업을 자랑하는 한문 비문의 본보기를 독자적으로 창안 다른 어느 나라보다 앞서서 보여주었다. 건립한 연대 414년이 한문을 중국 밖의 다른 나라에서도 사용해 공동문어로 만든 시발점을 알려주어, 동아시아 중세의 시작을 나타내는 연대라고 할 수 있다.

돌로 비를 세우고 한문 비문을 새기는 것은 중국에서 받아들인 방식이다. 그러나 특정 인물의 행적이나 특정 사실의 내

남조(南詔)의 덕화비(德化碑)

력이 아닌 국가의 위업을 기록하는 비를 세우는 작업은 한국에서 처음 하고, 다른 여러 나라가 뒤를 이었다. 중국 운남 지방에 있던 남조(南詔)에서 767년에 세운 덕화비(德化碑)에는 최대 분량의 명문이 있다. 남조는 당나라와 맞선 독립국이었고, 당나라의 침공을 물리친 내력을 비문에 써서 자랑했다. 중국은 817년에 평회서비(平淮西碑)라는 것을 하나 만들었는데, 규모나 내용이 크게 모자란다.

성덕대왕신종(聖德大王神鐘)은 국립경주박물관 건물 밖에 걸어놓아 가서 쉽게 볼 수 있다. 높이 333센티미터, 구경 227센티미터여서, 세계 최대의 범종이다. 771년에 완성해 봉덕사(鳳德寺)에 걸어놓았으므로 봉덕사종이라고도 했다. 울리는 소리가 종을 만들 때 희생된 사람의 울음 같다고 해서 '에밀레종'이

성덕대왕신종(국립경주박물관 소장)

라고도 한다, 범종 제작의 기술과 미술, 그리고 새겨놓은 글 종명(鐘銘)에서 이 종은 동아시아 중세문명의 절정을 보여준다고 할 수 있다.

불교는 인도에서 전래되었으나, 불교 사찰에서 치는 범종은 중국에서 시작해 한국과 일본에서도 만든 동아시아의 창조물이다. 그 가운데 이 종이 특히 빼어나다. 가장 큰 종을 뛰어난 기술로 만들어 전체 모양이 아름다우며, 깊고 웅장한 소리가 길게 울린다. 옷과 장신구를 날리는 비천상(飛天像)이 조각되어 있어, 육중한 쇳덩이를 가볍게 들어 올려 높이 올라가는 듯이 보이도록 한다. 새겨놓은 글은 산문인 서(序)에서 천지만물의 이치를 말하면서 종을 만든 내력을 설명하고, 율문인 명(銘)에서 신라가 자랑스러운 나라라고 칭송해 수미상응의 구조를 갖춘 명문이다.

서에서 말했다. "무릇 지극한 도는 형상 밖까지 둘러싸고 있으나, 눈으로 보아서는 그 근원을 알아볼 수 없어(夫至道包含於形狀之外 視之不能見其原 大音震動於天地之間 聽之不能聞其響)",

타종하는 해인사 스님들

"신종을 달아놓고 일승의 원음을 깨닫는다(載懸擧神鐘 悟一乘之圓音)". 명에서 노래했다. "동해 바다 위에 뭇 신선이 숨어 있는 곳, 땅은 복숭아 골짜기며, 해 뜨는 곳과 경계가 닿네. 여기서 우리나라는 합쳐져 한 고장을 이루고, 어질고 성스러운 덕이 대가 뻗을수록 새로워라(東海之上 衆仙所藏 地居桃壑 界接扶桑 爰有我國 合爲一鄕 元元聖德 曠代彌新)."

한국의 통치자 국왕은 중국 천자의 책봉을 받고 조공을 했다.
책봉은 중세인의 공통된 종교관에 근거를 둔
보편적인 제도로 주권을 인정하는 행위이다.
한국은 책봉체제의 수혜자로 남아
강토와 주권을 온전하게 지켰다.

책봉체제와
국제 관계

● 책봉체제와 국제 관계

한국의 통치자 국왕(國王)은 중국 천자(天子)의 책봉(册封)을 받고 조공(朝貢)을 했다. 이 사실을 오늘날의 한국인은 부끄럽게 여겨 외면하려 한다. 중국인은 우월감을 느끼면서 기분 좋아한다. 책봉은 문서, 의관, 인장 등의 징표를 주어 국왕을 국왕으로 공인하는 행위이다. 한국뿐 아니라 월남, 유구, 일본의 통치자도 중국의 천자와 책봉의 관계를 지속적으로 가졌다.

오늘날 사람들은 책봉을 받아 주권을 상실했다고 생각하지만, 책봉은 주권을 인정하는 행위이다. 책봉을 받지 않고 주권국가임을 선포하면 되지 왜 그런 어리석은 짓을 했느냐고 하는 것은 오늘날의 생각이다. 책봉을 받아야 주권이 인정되는 시대가 세계 전역에서 오래 지속되었다. 그 시기가 중세이다. 중세인을 근대인이 아니라고 나무라는 것은 잘못이다.

책봉은 중세인의 공통된 종교관에 근거를 둔 보편적인 제도였다. 중세인은 어느 문명권에서든지 천상의 지배자가 지상의

▲▲이스탄불 돌바마흐체 궁전(출처 : 위키피디아, ⓒNérostrateur)
▲다비드, 〈나폴레옹 대관식〉(루브르박물관 소장)

통치자와 단일 통로로 연결된다고 여겼다. 천상의 지배자와 단일 통로로 연결된 지상 최고의 지배자가 신성한 권능을 행사해 문명권 안 각국의 통치자가 정당한 통치자라고 공인하는 행위가 책봉이다.

책봉을 하고 받는 양자를 문명권에 따라 다르게 불렀다. 유교 문명권에서는 그 둘을 '천자'와 '국왕'이라고 했다. 힌두교 문명권에서는 '차크라바르틴(cakravartin)'과 '라자(raja)'라고 했다. 차크라바르틴은 '전륜성왕(轉輪聖王)'이라고 번역됐다. 이슬람 문명권에서는 천자는 '칼리파(khalifa)', 국왕은 '술탄(sultan)'이라 했다. 칼리파는 정치적 실권을 가져 자기가 술탄이기도 했다. 기독교 문명권에서는 '교황(papa)'과 '제왕(imerator, rex)'이라 했다. 총대주교인 교황은 문명권 전체의 '황제(imperator)'를 책봉하고, 교황의 위임을 받아 그 하위의 '대주교(archiepiscopus)'가 '국왕(rex)'을 책봉하는 것이 특이했다.

한국이 중국 천자의 책봉을 받은 것이 불만이라면 다른 문명권 천자의 책봉이라도 받아야 문명국일 수 있었다. 남아시아 '차크라바르틴'이나 서아시아 '칼리파'의 책봉을 받는 것은 거리가 멀고 종교가 달라 가능하지 않았다. 책봉체제에 들어가지 않으면 나라가 야만국이거나 통치자가 정당성을 갖추지 못한다. 책봉을 해주지 않으면 싸워서 쟁취하는 일이 흔히 있었다. 책봉하는 천자는 큰 나라에 있고 책봉받는 국왕은 작은 나라에 있는 것이 예사라고 할 것도 아니다. 동아시아 밖의 다른 문명권에서는 천자가 정치적 지배자가 아니고 종교적인 수장이기만 한 경우가 흔히 있었다.

유교 문명권의 천자는 어느 민족 출신이든지 할 수 있게 개방되어 있었다. 정치적 실권을 가진 큰 나라 중국의 통치자가 줄곧 천자였던 것은 다른 문명권에서는 볼 수 없던 일이다. 그 때문에 책봉을 정치적 지배관계로 이해하고 종교적 기능은 무시하는 것은 잘못이다. 공동의 이념을 구현하는 책봉체제가 전쟁을 막고 평화를 가져와, 국제적인 협동의 길을 열고, 교역을 원활하게 한 것을 평가해야 한다.

15, 16세기 중국의 명(明), 한국의 조선(朝鮮), 일본의 실정(室町, 무로마치), 월남의 여(黎, 레), 유구의 중산(中山, 주잔) 왕조가 공존하던 시기를 되돌아보자. 다섯 나라 모두 안정을 얻고 대등한 수준의 문명을 누렸다. 전쟁은 물론 분쟁도 없이 오랫동안 평화가 계속되었다. 책봉체제가 그럴 수 있게 했다.

공동문어인 한문으로 일정한 격식을 사용해 쓰는 국서(國書)를 주고받는 것이 책봉체제 유지의 필수 요건이었다. 국서에서 '천도(天道)'의 규범이 '사해(四海)' 등이라고 지칭한 모든 곳에 일제히 대등하게 실현되기를 바란다고 했다. 종교를 정치의 상위에 두고, 정치에서 있을 수 있는 대립을 종교에서 해결하고자 했다. 『명사(明史)』에서 책봉받는 나라가 '외국(外國)'임을 명시했다. 외국을 '번국(藩國)'인가 아닌가에 따라서 둘로 나누었다. '번국'은 책봉받는 나라이다. 번국에는 유교 문명권

안의 나라도 있고, 밖의 나라도 있었다. 밖의 나라는 임시적인 책봉국이고, 안의 나라는 고정적인 책봉국이다. 명나라에서 사신을 보낸 횟수의 순위를 보면 고정적인 책봉국의 경우 1 유구(琉球), 2 안남(安南), 10 조선, 13 일본이다. 3에서 9까지와 12는 임시적인 책봉국이다.

유구가 1위인 것을 주목할 필요가 있다. 유구는 통일국가를 이룩하고 책봉체제에 들어가 동아시아 공동체의 일원이 되었다. 중국과 유구의 이해관계가 합치되어 조공 무역에서 특별한 위치를 차지했다. 중국의 물산을 동남아 각국에, 동남아 각국의 물산을 중국에 공급하는 구실을 맡아 막대한 이익을 남긴 덕분에 국가의 번영을 구가했다. 그때가 유구 역사의 전성기였다. 17세기 이후 유구는 주권을 상실하고 일본의 부용국(附庸國)이 되어 시련기에 들어섰다. 일본은 중국과 유구의 책봉관계를 폐지하지 않고 그대로 두면서 조공무역의 이익을 앗아갔다.

2위인 안남은 명나라의 침공을 물리치고 주권을 회복하고 책봉관계를 되찾았다. 명나라는 월남을 침공해 외국임을 인정하지 않고 중국의 일부로 삼았다. 월남인은 영웅적인 투쟁을 해서 명나라 군대를 완전히 패배시키고 새로운 왕조를 창건했다. "북쪽으로 명나라 도적을 무찔렀다(北擊明寇)"는 위업으로 "황제를 안남왕으로 봉했다(封帝爲安南王)"의 전례를 쟁취했다. 주어는 "중국의 천자"이다. 월남의 통치자는 나라 안에서 황제이지만, 천자의 책봉을 받아 대외적으로는 안남국왕이다.

10위 조선과 13위 일본은 차이가 크지 않다. 일본은 책봉체제에 소극적으로 가담했거나 거리를 두었다고 하는 것은 타당한 견해가 아니다. 거리가 멀어서 사신 왕래가 잦을 수 없었던 사정을 일본은 독자적인 노선을 택한 증거로 삼을 수 없다. 일본의 통치자는 나라 안에서 '장군(將軍, 쇼군)'인데 책봉을 받아 '일본국왕(日本國王)'이 되었다. 일본의 통치자에게 장군의 직함을 준 것은 '천황(天皇, 텐노)'이 한 일이다. 군사를 이끌고 아이누를 정벌하라고 해서 부여한 명칭이다. 천황이 국가의 통치자여서 책봉을 받아 일본국왕이 되었다가 정치적 실권을 상실하자 일본국왕의 지위를 장군에게 넘겨주었다.

　　통치자의 나라 안 호칭이 조선과 유구에서는 '왕'이고, 안남에서는 '황제'이고, 일본에서는 '장군'이고, 북방 나라들에서는 '칸(干)'이었지만, 대외적으로 공인된 호칭은 모두 어느 나라의 '국왕'이란 명칭과 위치가 동일해 서로 대등한 관계를 가졌다. 한국의 통치자도 고려시대에는 월남처럼 황제라고 일컬은 적이 있으나 그 때문에 대외적 지위가 달라진 것은 아니다. 일본 천황이 황제 위치의 통치자라 자처하고, 조선국왕이 황제임을 선포하고, 월남황제가 대외적으로도 황제라고 한 것은 책봉체제를 청산하고 근대를 이룩할 때 일제히 일어난 변화이다.

　　일본이 책봉을 받다가 그만두었던 일이 두 번 있었다. 천황이 국왕일 때 당나라와의 책봉관계를 중단했다. 17세기 이후 덕천(德川, 도쿠가와) 시대에도 책봉관계가 끊어졌다. 그 두 가지 사건에 대해 오늘날의 일본인들은 흔히 일본의 자주성을 드높이고자 했기 때문이라고 한다. 책봉받는 것은 자주성을 손상시키는 굴욕적인 처사라고 전제하고 그런 주장을 편다.

일본이 당나라와의 책봉관계를 중단한 것은 교통의 불편으로 사신 왕래가 어려웠기 때문이다. 한문 문명을 계속 받아들여 일본의 고유문화가 손상되지 않게 하자는 것이 더 큰 이유였다는 견해는 타당하지 않다. 고유문화를 온전하게 하는 데서는 아이누인이 일본인보다 앞섰다. 일본인과 아이누인의 오랜 투쟁에서 일본인이 승리한 것은 한문 문명에서 얻은 역량 덕분이다. 겸창(鎌倉, 가마쿠라) 시대 이후의 무신정권은 책봉 국가의 대열에 다시 들어섰기 때문에 동아시아 문명의 발전에 동참할 수 있었다. 덕천 시대에 책봉체제에서 다시 벗어난 것은 스스로 선택해서 한 일이 아니다. 중국의 청나라에서 침략 전쟁을 일으킨 잘못을 용서하지 않아 책봉을 거절해, 일본은 '부정합(不整合)'하다고 스스로 규정한 위치를 감수하지 않을 수 없었다. 국가 통치자가 국왕이라고 칭하지 못하고 '일본국 대군(日本國大君)'이라는 이름으로 국서를 발부하고 외교를 해야 했다. 유교 문명권 회원 자격을 상실해 면구스럽고, 국교가 단절되어 공식적인 무역을 할 수 없었다.

16세기의 시인 임제(林悌)는 세상을 떠나면서, "천자의 나라가 되어 보지 못한 곳에서 태어나 죽어 서러워할 것 없으니 곡하지 말라"고 했다고 전한다. 한국인도 중원을 차지해 천자의 나라주인 노릇을 하지 못한 것을 아쉬워하는 말을 자주 듣는다. 그렇게 되었으면 무력을 키우고 유지하기 위해 수많은 사람을 희생시키고 갖가지로 무리를 해서 마침내 민족이 소멸되었으리라고 보는 것이 정상이다.

이것은 만주족의 전례를 두고 하는 말이다. 만주족의 나라 후금(後金)이 산해관(山海關)을 넘어가 천자국이 되지 말고, 자기 강역을 확보한 민족국가로 정착하고 성장했으면 얼마나 좋았을까 하고 생각해본다. 한국은 만주족 같은 모험을 하지 않고, 할 필요도 없어 책봉체제의 수혜자로 남아 있으면서 강토와 주권을 온전하게 지켰다. 동아시아 문명을 중심부와 가까운 곳에서 받아들여 수준을 더 높이면서 민족문화 발전에 적극 활용한 것이 행운이다. 월남은 힘든 싸움을 해서 가까스로 얻곤 하던 이득을 평화를 누리면서 확보했다.

오늘날 문명권 전체의 유대를 공고하게 하는 과업을 문화나 경제에서뿐만 아니라 정치에서도 이룩하고자 하면서 책봉체제가 있던 시절의 상호관계를 재평가하지 않을 수 없다. 범아랍민족주의가 그 길을 찾고 있는 것은 이미 오래된 일이다. 유럽통합은 더 늦게 시작되었으나 더욱 두드러진 성과를 보여주고 있다. 그런데 동아시아만 책봉체제를 역사의 과오라고 규탄하는 근대주의 낡은 사고방식에 머무르고 있어 안타깝다.

과거는 공동문어 구사 능력을 평가하는 시험이다.
과거제가 없는 곳에서는 무력 다툼과
신분 세습으로 관직을 차지해,
학자나 문인은 능력이 아무리 뛰어나도
실무 기술자의 지위에 머물렀다.
유럽에서는 문학을 법학으로 바꾸어
고시제도를 만들었다.

과거제도의 기여

● 과거제도의 기여

동아시아 공동문어 한문은 문명권 전체에 통용되는 의사소통의 수단이었으며, 정신세계가 근접될 수 있게 했다. 공동의 경전에 근거를 두고 인간성이나 가치관에 대한 이해를 함께 갖추고, 감수성에서도 서로 가까워지게 하면서, 법률과 제도에 관한 지식이나 실생활에 필요한 기술을 제공했다.

공동문어 구사 능력을 평가하는 시험이 과거(科擧)였다. 천인(賤人)이 아닌 양인(良人)이면 과거에 참여해 관직에 나아갈 수 있게 제도화되어 있었다. 중세의 신분제를 이 정도 완화하는 것은 다른 문명권들에서는 없던 일이다. 중국에 이어 한국과 월남도 과거를 실시해 동아시아 중세문명이 앞서 나갈 수 있었다. 그렇게 하는 데 동참하지 않은 일본은 신분에 따라 관직을 담당하는 관습을 유지해, 문명권 주변부의 특성을 오랫동안 보여주었다.

과거제가 잘못 운영되고 폐단을 자아내기도 했다고 해서 비

「고려사」 과거 관련 기사

판의 대상으로 삼는 것은 부적절하다. 과거제가 없는 곳에서는 무력 다툼과 신분 세습으로 관직을 차지해, 학자나 문인은 능력이 아무리 뛰어나도 실무기술자의 지위에 머물렀다. 획기적인 의의를 가진 역사의 창안물이 다 그렇듯이, 과거 또한 오래 지속되는 동안에 말폐가 나타났다. 출제 방식이 경색되고 선발이 공정하지 못해 비난의 대상이 되었다.

그럴 무렵에 중국에 온 유럽인 기독교 선교사들이 과거의 가치를 뒤늦게 발견하고, 유럽의 근대 고시제도를 만드는 지침으로 이용했다. 그러면서 고시 과목은 문학에서 법학으로 바꾸었다. 동아시아 과거에서는 법학을 하위과목으로 취급해 행정실무를 담당하는 하급 급제자를 뽑는 데 이용했다. 유럽의 법학고시에서는 문학은 아무 소용도 없다고 여겨 아주 배제한다.

문학과 법학 가운데 어느 것이 나라를 다스리는 데 더욱 긴요한가 하는 질문을 제기하면 두말할 필요가 없이 법학이라고 하는 것이 근대인의 상식이다. 그러나 동아시아 중세인은 법에 따라 움직이는 실무 활동 상위에 가치관을 정립하고 정신을 개발해 사리를 종합적으로 판단하는 문학이 있어야 한다고 여겨 과거를 문학고시로 만들었다. 이른 시기 유럽에서 철학자가 국가를 통치해야 한다고 한 공상을, 철학자를 문학인으로 바꾸어 실현했다.

과거제도는 위와 같은 공통점과 함께 나라마다의 차이점이 있었다. 먼저 과거제도가 실시된 기간을 보자. 중국은 589년부터 1911년까지이다. 한국은 958년부터 1894년까지이다. 월남은 1075년부터 1919년까지이다. 한국은 과거제도를 두 번째로 시작하고 가장 먼저 폐지했다. 1894년의 갑오경장(甲午更張)에서 근대국가로 나아가는 개혁을 한 것이 1911년에 일어난 신해혁명(辛亥革命)보다 빨랐다. 갑오경장에서 한문 대신 국문을 공용문으로 사용하기로 결정해 과거제도의 시대가 끝났다. 월남은 프랑스 식민지가 된 다음에도 한참 동안 유명무실한 과거제도를 지속시켰다.

중국에서는 과거에 급제한 사람은 '신(紳)'이라고 하고 급제해 벼슬한 사람은 '사(士)'라고 하고, 둘을 합친 '신사(紳士)'에

계는 상층의 신분적 특권을 인정했다. 그래서 과거를 보기 위해 공부를 하고, 공부한 사람이면 당연히 과거를 보았다. 18세기 혁신 사상가 대진(戴震)도 낙방을 거듭하면서 계속 응시했으며, 과거를 멀리할 생각을 하지 못했다.

한국에서는 과거에 급제하지 않아도 상층 양반의 신분을 유지할 수 있었다. 과거의 폐단이 커지자 급제를 대단하게 여기지 않고, 과거 보기를 거부하고 진정한 학문을 하고 올바른 글을 쓰려고 하는 선비를 높이 평가하는 풍조가 있었다. 박지원(朴趾源)은 빼어난 문장가이면서 과거를 보려고 하지 않았다. 마지못해 과거장에 가서는 답안을 쓰다가 이상한 그림이나 그리면서 딴전을 부렸다는 일화를 남겼다. 과거 급제와 무관하게 학문을 한 사람들이 세태를 비판하고 혁신사상을 전개했다.

월남에서는 과거 준비가 공부를 할 수 있는 거의 유일한 기회여서 다루는 범위를 넓혔다. 국정을 쇄신하는 정권이 등장하면 월남어 글 자남(字喃, 쯔놈 chunom) 시험을 과거에 포함시키고자 했다. 과거 급제자가 민중과 가까운 관계를 가지고, 민중운동에 나서고 독립투쟁을 했다. 과거제도를 이어오면서 가꾼 지적 능력을 변용해 활용하면서 역사를 창조했다.

불경은 인류의 가장 방대한 분량의 문자문화이며,

문명권의 동질성 보장을 위해

가장 긴요한 구실을 했다.

동아시아 문명권은 한문본 대장경을 공유하는

대장경문명권이다.

『고려대장경』은 한국이 그 중심이게 했다.

최상의 대장경,
고려대장경

해인사 장경판전 보안문(ⓒ허균)

● 최상의 대장경, 고려대장경

불교의 경전인 불경(佛經)은 인류가 이룩한 가장 방대한 분량의 문자문화이다. 오랜 기간에 걸쳐 다양한 형태로 형성된 불경이 문명이나 문화의 경계를 넘어서 전달되고 번역되었다. 필사본뿐만 아니라 인쇄본으로도 국제적인 유통이 광범위하게 이루어졌다.

불경은 원래 인도에서 팔리어로 기록했는데, 소승불교(小乘佛教)와 다른 대승불교(大乘佛教)가 나타나 사용 언어를 산스크리트로 바꾸었다. 소승불교는 남방으로, 대승불교는 북방으로 전파되면서 불경의 양상도 달라졌다. 소승불교에서는 팔리어 원본을 그대로 사용하고, 대승불교에서는 산스크리트 경전을 번역했다. 티베트에서는 자국어 번역본을 만들어 몽골에 전해 주었다. 산스크리트 대승경전을 다 모아들여 한문으로 번역하고 다시 만든 것들까지 보태어 '대장경(大藏經)'을 이룩했다. 남방에서 나뭇잎에 쓰는 불경을 종이에 적고 목판을 만들어 찍어낸 것도 큰 변화이다.

　불경은 문명권의 동질성을 보장하는 데 가장 긴요한 구실을 했다. 불경을 공유한다는 점에서 남·동남아시아 문명권과 동아시아 문명권은 크게 보면 한 문명권이었다. 그러다가 티베트어 불경을 사용하는 나라들은 별개의 문명권을 이루었다. 한문본 대장경을 공유한다는 점에서 동아시아 문명권이 한 문명권이고, 대장경 문명권이라고 일컬을 수 있다.

　대장경을 만들고자 하는 희망은 오래전부터 있다가, 971년에서 983년까지의『송판대장경(宋版大藏經)』1,076부 5,048권으로 실현되었으며, 후속 송판(宋版)이 몇 가지 더 있었다. 그 뒤에 1031년에서 1064년까지의『요판대장경(遼版大藏經)』, 1148년부터 1173년까지의『금판대장경(金版大藏經)』이 다시 이루어졌다. 그 뒤 원(元)·명(明)·청(淸) 시기에도 대장경을 여러 차례 판각해서 간행했다. 송·요·금·원의 판본은 남아 있지 않고, 명·청의 것들은 부실하다.

　한국의 고려왕조는 1074년에서 1082년 사이에『초조대장경(初雕大藏經)』을 만들었는데, 1232년에 몽골군 침공 때 불탔다. 1236년부터 1251년까지에 현존『고려대장경(高麗大藏經)』을 다시 이룩했다. 이것은 송판(宋版)을 기본으로 하고, 요판(遼版) 등의 다른 자료도 보태어 한문본 불경을 집대성하고 총정리한 성과이며, 교정을 철저하게 해서 완벽을 기했다. 1,516부 6,815권에 이르는 분량이며, 경판 수는 81,258장이다. 전집의

▲불경을 공부하는 티베트 세라사의 승려들   ◀ 세라사의 경판 탁본

성격을 지니고 있는 완결본이며, 오자가 없다. 전부 온전하게
보존되어 현존 최고의 대장경이다. 유네스코 세계문화 유산으
로 지정된 것이 당연하다. 보존하는 집도 함께 지정되었다.

　『고려대장경』은 한국이 대장경 문명권 중심이게 했다. 일본
과 유구는 국가적 교섭을 해서 받아갔다. 일본 여러 곳의 지방
통치자들의 요청도 많아 경중과 친소를 가려 수락했다. 구변
국왕(久邊國王)이니 이천도국왕(夷千島國王)이니 하고 사칭한
명의의 국서를 가지고 와서 대장경 인행본을 얻어가려다 실패
한 사건도 있었다.

　일본은 임진왜란 때 한국에서 목판을 새기는 각수(刻手)를
다수 납치해 가서 대장경을 갖출 능력을 지니게 되었다. 상당
한 준비 기간을 거쳐 1637년부터 1648년까지에 『일본판대장
경(日本版大藏經)』을 1,452부 6,323권의 분량으로 만들고, 뒤에
보완했다. 그래도 수준 미달로 내용이 미비하고, 오자가 적지
않았다. 오자는 각수의 잘못이 아니다.

　대장경을 근대의 활판인쇄로 간행하는 작업은 일본이 앞서

서 했다. 몇 차례 시도를 거쳐, 마침내 1922년부터 1933년까지 3,502부 11,970권 규모의『대정신수대장경(大正新修大藏經)』을 이룩하기에 이르렀다. 자국 것은 버리고『고려대장경』을 저본으로 하고, 기존의 대장경에 포함되지 않던 문헌들까지 포함시켜 불교 문헌전집을 만들고자 했으며, 교정을 철저하게 보았다. 이것이 한문대장경의 새로운 정본으로 인정되어 중국이나 한국에서도 널리 이용하고 있어, 대장경 문명권의 중심이 바뀌었다.

한문대장경을 읽는 방식은 나라에 따라 달랐다. 중국에서는 시대나 지역에 따라 다른 발음으로 읽었다. 자국어 어순에 맞게 아래위를 오르내리면서 읽는 역독(逆讀)이 한국과 일본 양쪽에 다 있었는데, 일본에는 남아 있다. 한국에서는 역독이 없어지고, 원문의 순서대로 읽는 순독(順讀)만 한다. 역독을 하는 일본에서는 대장경을 번역할 필요가 없고 오르내리면서 읽는 표점만 찍으면 되었다.

한국에서는 한글을 창제하자 1461년부터 1471년까지 간경도감(刊經都監)을 설치하고 불경을 한국어로 번역해 목판인쇄로 간행했다. 한자어를 한국어로 풀어 옮기려고 한 것이 특징이다. 중국 청나라에서는 1772년부터 시작해서 20여 년 동안 만주어 번역을 추진했다. 그 어느 쪽이든 일부만 번역했을 따름이었다. 대장경을 전부 번역하는 작업은 현대에 와서 실현되었다. 고금의 번역본이 경전으로 인정되지는 않는다.

▲해인사 대웅전 ◀해인사 장경판전 수다라장(ⓒ허균)

남·동남아시아의 불경은 필사본이다. 기독교나 이슬람의 경전도 모두 필사본이다. 보편종교의 경전을 인쇄해 간행한 것은 동아시아 대장경 문명권뿐이다. 인쇄 방법은 글을 판에 다 새겨두고 먹을 묻혀 찍어내는 것이다. 목판인쇄의 기술이 이미 사용되고 있어서 불경에 사용했으며, 불경을 판각하고 인쇄하면서 목판인쇄가 더욱 발달했다.

목판인쇄는 적은 노력으로 많은 성과를 거둘 수 있는 장점이 있어 서적의 대량 보급을 가능하게 했다. 기독교 선교사가 중국에서 목판인쇄술로 많은 책을 쉽게 찍어내 값싸게 파는 것을 보고 충격을 받은 사실을 유럽에 전했다. 유럽에는 활판인쇄술이 개발되어 기독교 경전부터 찍어내고 다른 책 출판에도 활용했으나 기술상의 어려움이 많고, 또한 종이가 고가여서 서적 보급이 뒤떨어졌다. 19세기에 산업혁명을 거치고 동력으로 활판인쇄를 하게 되자 유럽이 인쇄기술과 서적 보급에서 동아시아보다 앞설 수 있었다.

해인사 대장경판(ⓒ허균)

산업혁명 이전의 유럽 활판인쇄술보다 유리한 기술인 동아시아 목판인쇄술은 불경뿐만 아니라 다른 서적의 간행과 보급에도 크게 기여했다. 소설이 출현했을 때에도 동아시아가 유럽보다 작품의 분량, 구성, 유통 등에서 앞설 수 있었던 것이 그 덕분이다. 그러다가 동력을 사용하는 활판인쇄술이 등장하자 선진과 후진이 역전되어 동아시아가 뒤따르지 않을 수 없게 되었으며, 동아시아 안에서는 유럽 기술 도입에 앞선 일본이 우위를 차지했다.

혜초(慧超)를 비롯한 여러 승려들은 불법을 구하러
인도까지 갔다. 조선 초에 만든 세계지도에서는
유럽이나 아프리카까지 보인다.
명나라와 청나라 사신 기행이 430여 종,
일본행 사신 기행문은 20여 종 남아 있다.

교류와 이동의
내력

영월 선암마을 한반도 지형(출처 : https://pixabay.com)

● 교류와 이동의 내력

외국과 교류한 내력은 아주 오래되었다. 1만여 년 전까지는 황해가 없고, 일본까지도 육지로 연결되어 있어 왕래하기 쉬웠다. 그 뒤에는 배를 타고 바다를 건너다녀야 하고, 정착 생활을 하다가 국가를 만들어 서로 구분되는 단계에 이르렀으나, 이동이 제한된 것은 아니었다.

혜초(慧超)를 비롯한 여러 승려들은 불법을 구하러 인도까지 갔다. 아랍 상인들이 신라와 고려를 찾아왔다. 고려후기에는 원나라를 통해 먼 곳까지 알았다. 조선초에 만든 세계지도에서는 유럽이나 아프리카까지 보였는데, 그 뒤에는 동아시아 밖은 알지 못해 상상의 영역으로 삼았다.

고려말에 왜구 때문에 수난을 당했다. 명나라는 해상 교통을 금하고 공식 사신이 아니면 국경을 넘나들 수 없었다. 명나라 천자의 책봉을 받은 동아시아 나라들 가운데 가까이 있는 쪽과 외교관계를 가졌을 따름이다. 국법을 어기고 밀무역에

종사하는 사람들이 없지 않았으나 실상이 알려지지 않았다. 배가 난파되어 멀리까지 표류해간 사람들의 기록에서나 외국 소식의 일단을 생생하게 알 수 있었다.

삼국에서 조선왕조까지의 국제 교류는 통문(通文)과 통어(通語)의 두 가지 방식으로 이루어졌다. 한문으로 쓴 국서를 교환하는 것이 통문이다. 구두어로 소통하는 통어는 역관이 담당했다. 조선왕조 사역원(司譯院)에서는 한(漢)·청(淸)·몽(蒙)·왜(倭)어의 역관을 양성했다. 교재로 쓰는 역학서(譯學書)를 잘 만들어 해당국 언어의 역사를 이해하는 데 좋은 자료가 된다. 그 이상 다른 외국어는 긴요하지 않고, 아는 사람이 없어 가르치지 않았다. 제주도 사람이 항해하다가 표류해 월남에 가서 여러 해 머물다가 돌아오자 제주에서 안남어(安南語) 역관을 양성하도록 했다.

중국과 일본에 사신으로 간 사람들이 남긴 기행문이 아주 많다. '조천록(朝天錄)'을 대표적인 명칭으로 한 명나라 기행이 140여 종, 흔히 '연행록(燕行錄)'이라고 한 청나라 기행은 290여 종이 전하는 것으로 확인된다. 일본행 사신은 임진왜란 이후 12회 파견되었으며, '해사록(海槎錄)'이라는 명칭을 자주 사용한 기행문이 20여 종 남아 있으며, 『해행총재(海行摠載)』에 집성되었다. 그 가운데 대표적인 예 몇 가지를 들어 고찰하기로 한다.

혼일강리역대국도지도(출처 : 한국민족문화대백과사전)

　　김육(金堉)의 『조경일록(朝京日錄)』은 병자호란이 일어나던
해인 1636년에 명나라에 마지막으로 파견된 사신의 기록이어
서 흥미롭다. 육로는 막힌 탓에 해로로 가서, 상륙하자 마을
마다 귀신을 모셔놓고 요행을 바라는 광경을 보았다. 관원들
은 나라의 위기는 아랑곳하지 않고 돈만 탐냈다. 거대한 제국
이 무너지고 있는 모습을 치밀하게 묘사하면서 역사의 전환을
알아차릴 수 있게 했다. 김창업(金昌業)의 『연행일기(燕行日記)』
는 청나라가 중국대륙을 차지하고 안정과 번영을 누리던 1712
년의 기록이다. 한인(漢人)이 호인(胡人)과 뒤섞인 것이 애석한
일이라고 하고서도, 생활의 실상을 구체적으로 파악하는 데

힘썼다. 새로운 활력을 인정해야 한다고 했다.

홍대용(洪大容)이 1765년에 청나라에 갔던 견문을 기록한 『담헌연기(湛軒燕記)』는 사항별로 구분해서 작성한 사실 보고서이다. 서양 전래의 과학에 대해서 깊은 관심을 가지고, 출입이 금지된 천문대에 들어가 천체관측기구를 조사하기까지 했다. 『담헌연기』는 사실 보고에 치중해 여행기다운 흥미를 갖추지 못했으므로, 『을병연행록(乙丙燕行錄)』이라는 것을 국문으로 쓰고, 신변에서 일어난 일이나 개인적인 감회를 정감 어린 필치로 나타냈다.

박지원(朴趾源)이 1780년에 청나라에 갔던 견문을 기록한 『열하일기(熱河日記)』는 다양한 견문을 흥미롭게 기록하면서 기발하기 이를 데 없는 표현을 개척해서 명분론에 사로잡혀 있는 경색된 사고방식의 허점을 풍자했다. 같은 소재를 관점을 바꾸어 다시 다루면서 관점이 다양하다는 것을 보여주었다. 견문한 것을 말하면서 과거를 회고하고, 이야기 속에 이야기가 들어가게 꾸몄다. 「허생전(許生傳)」이나 「호질(虎叱)」 같은 독립된 작품을 삽입하기도 했다.

일본 기행문 가운데 신유한(申維翰)이 1719년에 일본에 갔다 와서 지은 『해유록(海游錄)』이 특히 흥미롭다. 시를 잘 지어서 일본 문인들을 압도했다고 자랑하고, 일본의 사회와 문화를 깊이 있게 관찰하고 서술하고자 했다. 도시가 번성하며 경제적으로 풍족한 것을 보고 깊은 인상을 받았다. 무사가 지배

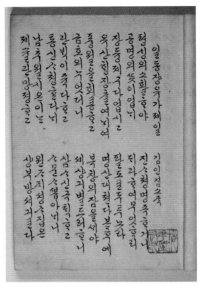

김인겸, 「일동장유가」

하는 사회여서 유학과 한문학을 하는 문인이 하급 기술자 취급을 받고 있는 것을 안타깝게 여겼다.

조엄(趙曮)이 1764년에 정사(正使)를 맡아 일본에 갔던 내력을 보고한 『해사일기(海槎日記)』는 공식적인 기록의 대표적인 예이다. 서기로 동행한 김인겸(金仁謙)이 지은 가사 『일동장유가(日東壯遊歌)』와 좋은 대조를 이룬다. 조엄은 김인겸이 자세하고 흥미롭게 묘사한 광경은 간략하게 처리하고, 외교의 절차에 대해서 특히 많은 관심을 기울였다. 일본에서 주는 국서의 한문 문장이 잘못되었다고 시비한 대목이 큰 비중을 차지한다.

바다에서 폭풍을 만나 배가 표류하면 미지의 나라에 이를 수 있었다. 이지항(李志恒)이라는 군관이 그런 경험을 한 기록을 남겼다. 1756년에 부산에서 영해로 가다가 폭풍을 만나 멀리 북해도(北海島)까지 밀려갔다. 거기서 아이누인의 구조를 받는 놀라운 경험을 하고 일본 여러 곳을 거쳐 다음 해에 돌아

온 경위를 「표주록(漂舟錄)」을 써서 알렸다. 제주도 선비 장한철(張漢喆)은 1770년에 과거 길에 올랐다가 배가 남쪽으로 표류해서 유구(琉球)까지 갔다. 그 내력을 다룬 「표해록(漂海錄)」은 더욱 복잡한 모험담의 연속이다.

　일제의 침략으로 국권을 상실했을 때에는 구국의 길을 찾아 외국으로 나간 사람들이 의미심장한 기행문을 썼다. 정원택(鄭元澤)의 『지산해외일지(志山海外日誌)』는 1911년에서 1920년까지 중국, 노령, 동남아 등지를 방황하면서 독립운동을 하고 생업을 개척한 경험을 적은 내용인데, 원고로 보관되었다가 최근에 간행되었다. 이극로(李克魯)는 1910년에 어린 소년이 아무런 보장도 없이 집을 나가 학교에 들어갔다가, 만주·러시아·중국을 거쳐, 독일에 가서 공부를 하고 유럽 각국을 돌아보고, 미국을 거쳐 1926년에 귀국한 고난에 찬 경과를 『고투사십년(苦鬪四十年)』에다 기록했다.

　김찬삼(金燦三)은 1950년대 말부터 시작해 20여 회에 걸쳐 160여 국을 돌아다니는 모험에 찬 여행을 하고 수많은 여행기를 써서 출판해, 대단한 인기를 얻었다. 해외여행이 자유화되고 일반화된 최근에는 한국인이 세계 구석구석을 누비고 돌아다녀 여행기가 넘치게 많다. 한국인은 다른 어느 나라 사람보다도 해외여행을 더 좋아한다고 할 수 있게 되었고, 한 곳에 머무르지 않고 호기심과 모험심에 이끌려 계속 이동하는 것이 남다르다.

한문, 불교, 유학 등으로 이루어진 문명이 전래된 것은
사람들이 왔기 때문에 가능했다. 이주자가 한 일은
신분이나 능력에 따라 달랐다. 수많은 귀화인의
문화를 수용하여 문화적으로는 단일민족이 되었다.

와서 사는
귀화인들

출처 : https://pixabay.com

● 와서 사는 귀화인들

외국인이 한국에 와서 한국인이 된 귀화의 역사는 오래되고 많은 사례가 있다. 한문, 불교, 유학 등으로 이루어진 문명이 필요한 기술과 함께 전래된 것은 사람들이 왔기 때문에 가능했다. 기층문화의 전래와 교류에도 사람의 왕래가 따랐다.

생활상의 필요나 정치적인 이유에서도 이동이 많았다. 특히 이웃 중국으로부터는 자연재해나 전쟁이 발생하거나 왕조가 교체되는 시기에 유민이 많이 유입되었다. 한반도에서 국가가 생겨날 때도 타민족이 들어와 섞였다. 고구려는 말갈족 등의 이민족이 참여한 국가였다. 고려 건국 초기에 발해 유민을 동반해 시작된 거란인이나 여진인의 이주가 그 뒤에도 지속되었다.

고려 후기에는 고려왕과 혼인한 원나라 공주들이 수많은 몽골인들을 데리고 들어왔는데, 이들 중 많은 수가 한반도에 남았다. 중국의 원명(元明) 교체기의 전란을 피해 요동지역의 여진족 유민이 다수 압록강을 건너 왔다. 고려에 이어 조선왕조는 북방 경계를 지키려는 목적으로 이들을 위한 각종 우대 정책을 실시하고 귀화를 장려했다. 임진왜란이 일어나자 일본군이 대거 진주하고, 명나라 군대도 들어와 국제전이 벌어졌다. 일본군 가운데서는 '항왜'라 하여 일본을 버리고 조선에 투항한 병사가 많이 나왔다. 조선은 이들에 대한 대응을 두고 많은 고민을 하여야 했다. 명나라 장졸 가운데도 돌아가지 않고 남기를 원하는 사람들이 적지 않았다. 명나라나 청나라는 이들의 환송을 요청하기도 했으나, 거부하고 정착을 허용했다.

시조가 중국에서 도래했다고 족보에 기록되어 있는 성씨가 많이 있다. 도래한 시조의 이름은 밝혀져 있어도 행적은 불분명한 것이 예사이다. 도래 시기는 흔히 고려 중엽이라고 한다. 이런 기록을 역사적 사실로 인정하기는 어렵다. 조선시대에 족보를 만들면서 몇 대 이상의 선조는 공백으로 둘 수 없고 국내인을 지어내는 것은 가능하지 않아, 가상의 중국인을 내세운 것이 중국인이 이주를 계속한 추세와 맞아 들어가 그럴듯하게 보이게 했을 것이다.

이주자가 한 일은 신분이나 능력에 따라 달랐다. 최상층은 선진 문명을 전파하고, 한문학의 발전에 기여했다. 무장(武將)은 귀화 후에도 원래의 능력을 발휘했다. 역관, 의관, 과학기술, 토목, 병기 제작 등의 전문직 종사자도 있었다. 그렇지 못한 사람들은 일반 백성으로 살아가거나 천역을 담당했다. 백정(白丁)은 여진인의 후손으로 알려져 있다.

상층 이주자는 기록에 남아 확인이 가능하다. 기자(箕子), 허황옥(許黃玉), 묵호자(墨胡子) 등은 사실 확인이 어려워 논란이 있지만, 기록이 분명하게 남아 있는 후대의 귀화인에 대해서는 구체적인 파악이 가능하다. 중국에서 쌍기(雙冀)가 와서 고려초에 과거제를 마련할 수 있었다. 쌍기의 뒤를 이어 여러 차례 과거를 관장한 왕융(王融)도 중국에서 온 귀화인으로 보인다.

월남은 먼 나라이다. 그러나 정변이 일어나 이씨 왕조가 망하자, 왕자들이 망명해 와서 돌아가지 못하고 머물러 산 내력도 있다. 이양혼(李陽焜)은 정선 이씨(旌善李氏), 이용상(李龍祥)은 화산 이씨(花山李氏)의 시조가 되었다. 성씨는 그대로 사용하고 정착한 곳을 본관으로 삼았다. 근래 이용상의 망명을 다룬 연극을 한국과 월남 합작으로 만들어 두 나라에서 공연한 적이 있다.

고려말에 뛰어난 무장인 중국인 변안열(邊安烈), 여진인 이지란(李之蘭)이 귀화했다. 이 두 사람은 이성계(李成桂)를 도와 왜구를 물리치고 황산대첩(黃山大捷)에 큰 공을 세웠다. 변안열은 고려를 위해 충성하다가 제거되었지만, 이지란은 이성계와 결의형제를 하고 조선왕조 건국에 크게 기여했다.

설손(楔遜)은 이름이 높은 문인이었다. 원래 위구르 사람인데 원나라에서 벼슬하고 있었다. 홍건적의 난이 일어나자 피

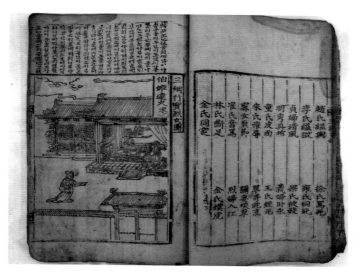

「삼강행실도」. 설순이 이 책을 바치는 글 「진삼강행실도」를 썼다
(출처 : 부산시 문화관광 홈페이지)

해 다니다가 고려로 왔다. 공민왕이 원나라에 있을 때 가까이
지낸 인연이 있어 머물러 살도록 하고 관직과 땅을 주었는데,
2년 뒤에 세상을 떠났다. 『동문선(東文選)』에 많은 작품이 실려
있어 고려의 대표적인 시인의 하나로 평가되었다.

설손의 아들 설장수(偰長壽)는 고려 과거에 급제하고 관직에
올랐다. 정몽주 일당이라는 이유로 귀양 갔다가 조선왕조에서
다시 등용되었다. 손자대의 설순(偰循)은 번민하지 않았다. 조
선왕조의 과거에 급제해 통상적인 순서를 밟아 관직에 진출하
고 세종이 하는 일을 도와, 백성들에게 행실을 가르치는 책을
나라에 바치는 글 「진삼강행실도(進三綱行實圖)」를 썼다. 후손
은 경주를 본관으로 삼고, 한국인으로 살아왔다.

조선 초의 탁월한 과학기술자 장영실(蔣榮實)은 원나라에서 온 귀화인이 기녀와 결혼해서 태어난 천인이었다. 기술 도입을 위해 필요한 외국인들을 초빙해 기녀와 결혼시키는 것이 국가 시책이었다. 기녀의 자식은 천인이어야 했다. 세종이 이루고자 하는 과학기술의 발전을 담당한 공적이 탁월해 장영실은 천인 신분을 면하고 관직을 얻었다.

　　임진왜란 때 출전한 일본인 장수 사야가(沙也加)가 귀화해 김충선(金忠善)이 되어, 무장으로 활약하고 병자호란 때 공을 세웠다. 본관은 김해(金海)라고 하고 따로 정하지는 않았다. 후손이 대구 녹동(鹿洞)에서 세거하고 있어 녹동 김씨라고 일컬어진다. 명나라 장수 가운데 임진왜란이 끝나도 돌아가지 않고 머물러 살아 한국 성씨의 시조가 된 사람들도 있었다. 이 경우에는 원래의 고향을 본관으로 삼았다. 가유약(賈維鑰)이 아들과 함께 전사하고, 함께 온 손자 가침(賈琛)은 살아남아 귀화하여 고향의 이름을 따서 소주 가씨(蘇州賈氏)라고 한 성씨의 시조가 되었다. 삼대의 위패를 모시고 제사하는 숭의사(崇義祠)가 충남 태안에 있다. 천만리(千萬里)는 귀화해서 영양 천씨(潁陽千氏)의 시조로 숭앙된다.

　　오늘날에도 많은 외국인들이 귀화하고 있다. 1990년대 이후 결혼과 노동을 위한 이주자가 급증하기 시작한 이래 월남, 중국 등지에서 온 많은 결혼이민자들이 귀화하고 있다. 장기체류하는 일반 외국인 및 한국에 거주해 온 대만 화교들 중에서

천리포수목원

도 귀화하는 사람이 늘고 있다. 러시아, 중국, 미국 등에 나가 거주하였던 해외동포와 이들의 후손이 다시 역이민을 와서 귀화하는 경우도 생겨났다.

귀화인들은 여러 방면에서 다양한 활약을 하고 있다. 미국에서 온 민병갈(閔丙渴, Carl Miller)은 충남 태안의 천리포(千里浦)수목원을 남겼다. 독일 출신의 이참(李參, Bernhard Quandt)은 한국관광공사 사장을 역임했다. 2015년 3월에 독도 전문가인 일본 출신 호사카 유지(保坂祐二) 세종대 교수, 일제시대 항일 운동을 한 미국인 선교사의 손자 인요한(印耀漢, John Linton) 연세대 교수가 독립기념관 비상임 이사로 선임된 사실이 보도되었다. 필리핀 결혼 이민자인 이자스민(Jasmine Lee)은 국회의원으로 활동했다.

귀화인은 민족에 대해서 다시 생각하게 한다. 민족은 근대

이후 강조된 개념이다. 우리가 가진 단일민족 의식은 국가가 없는 식민지 시대에 일제와의 대립 속에서 침략에 맞서면서 민족을 묶어줄 구심체의 역할을 하였다. 해방 이후 남북한이 분단된 후에는 남북한을 공동체로 묶으면서 동질성을 강조하여 통일의 당위성을 확보하는 근거가 되었다.

수많은 귀화인이 있어 혈통적인 단일민족은 성립 불가능하다. 혈통보다 문화를 더 중요시하는 관점에서 접근하면, 문화적 공동체라는 의미에서 단일민족을 인정할 수 있다. 혈통적으로는 단일민족이 아니어도 수많은 귀화인의 문화를 수용하여 문화적으로는 단일민족이 되었다.

3

사회생활

『경국대전』은 유교 이념에 의한 이상적인 통치를
제도화한 창조물이다. 유럽에서는 마녀라고
지목한 여성들을 잡아다가 불 태워 죽일 때,
한국은 널리 알 수 있게 공포한 성문법에 따라
재판을 공정하게 하려고 했다.

법률관과
법치주의

周挾改幾字 无經无照 橫書經印

空上官押

臺下官押

● 법률관과 법치주의

법(法)은 사회생활의 질서를 유지하고, 배분 및 협력의 관계를 규율하기 위하여 발달한 규범의 체계이다. 강제성을 가지는 것이 특징이지만, 예(禮)라고 일컬어지는 도덕적 규범을 많이 포함하고 있다. 법은 문화의 일부이며, 다른 문화영역과 복잡한 관련을 가진다. 법은 원래 구두로 전해지는 관습법이었다. 예와 구별되기 어려운 구두의 관습법이 국가에서 실정법을 제정해 기록할 때까지 널리 사용되었으며, 그 뒤에도 실정법을 보완하는 기능을 수행했다.

한국 최초로 성문화된 실정법은 고조선의 팔조법금(八條法禁)이다. 여덟 조항 가운데 살인죄·상해죄·절도죄에 관한 것들만 전한다. 살인자는 죽이며, 상해한 자는 곡물로 배상하게 하고, 절도를 범한 자는 피해자의 노(奴) 또는 비(婢)로 삼으며, 속죄하려면 50만 전을 내놓아야 한다고 했다. 사유재산과 노비가 있는 사회에서 죄를 응보로 다스린 엄격한 법이다. 속죄

「경국대전」(출처 : 한국민족문화대백과사전)

에 관한 규정이 있는 점에서는 상당히 발전된 법이라고 할 수 있다.

고구려를 비롯해 삼국 각국은 율령(律令)을 제정해 국가의 법을 구비하고 법치를 시행했다. 율(律)은 죄와 벌을 규정한 형법이고, 영(令)은 제도에 관한 규정이다. 이밖에 격(格)과 식(式)이 더 있어 율과 영의 미비점을 보충했다. 이런 전통이 고려를 거쳐 조선시대까지 내려와 1484년에 『경국대전(經國大典)』을 완성하게 되었다.

『경국대전』은 이(吏)·호(戶)·예(禮)·병(兵)·형(刑)·공(工) 전(典)으로 이루어져 있다. 이전에서는 하늘이 만물을 주관하는 것을 본뜬다고 하고, 국가를 통괄하는 관직을 규정했다. 호전에서는 땅이 삶의 근본임에 비추어본다고 하고, 재정과 경제를 규정했다. 예전에서는 봄에 만물이 소생하는 것과 짝한다고 하고, 국가제도와 가족관계를 규정했다. 병전에서는 맹렬한 기세를 떨친 여름과 닮게 한다고 하고, 군사와 관련되는 사항을 규정했다. 형전에서는 한 해 농사를 마무리하는 가을의 취지에 따른다고 하고, 재판과 노비, 상속 등에 관한 사항을 규정했다. 공전에서는 한 해를 마무리하고 새해를 준비하는 겨울의 의미를 되새긴다고 하고, 건설과 제조업에 관한 사항을 규정했다.

『경국대전』은 유교 이념에 의한 이상적인 통치를 제도화한 창조물이다. 천지운행의 질서를 국가 통치에 구현해 거대한 질서를 확립하고, 백성을 돌보고 백성의 뜻을 따르는 민본의 시책을 마련하고자 했다. 중국 역대의 전례를 널리 참고해 필요한 것들을 수용하고 자국의 실정과 맞지 않는 것은 수정했다. 완성 후 계속 보완하고 여러 속편을 내서 시행하는 데 무리가 없도록 새로운 시대의 요구를 받아들이고, 현실과의 괴리를 메워나갔다.

형률을 구체화한 형법은 중국에서 가져온『대명률(大明律)』을 사용하면서 실정에 맞게 수정하기를 거듭했다.『대명률직해(大明律直解)』등의 번역 해설본을 만들면서 한국 고유의 관습법을 다수 수용했다. 문제점이 있기는 했으나 형법을 통일해서 전국 어디에서 누가 하는 재판이든 동일하게 판결하도록한 것이 획기적인 조처였다. 재판권을 행사하는 관원의 자의적 판단이나 횡포를 막고 죄형법정주의(罪刑法定主義)라고 할

순천 낙안읍성의 동헌. 조선시대 송사하는 모습이 재현되어 있다.

외암리 민속마을의 형틀

것을 시행하는 방향으로 나아갔다. 관가의 재판을 거치지 않고 사사로이 형벌을 가하는 것은 엄격하게 금지해, 실행에는 문제가 많아도 누구든지 법 앞에 평등하다고 할 수 있는 데 근접했다.

　죄형법정주의와 법 앞의 평등은 유럽 문명권의 자랑이어서 어디서나 수입한다고 알고 있는데, 이것은 속단이다. 그 둘은 인류 공동의 소망이고 어디서나 이루려고 애썼다. 유럽에서는 마녀라고 지목한 여성들을 잡아다가 불태워 죽일 때, 한국은 널리 알 수 있게 공포한 성문법에 따라 재판을 공정하게 하려고 했다.

　근래 어느 잡지에서 문제를 제기했다. 한국은 무고(誣告)

와 위증(僞證)이 일본보다 월등히 많은데 무슨 까닭이냐고 했다. 이것은 일본에서는 칼로 싸우고, 한국에서는 재판으로 싸운 오랜 관습이 있어 생긴 차이이다. 칼싸움은 정면으로 나가서 찌르면 이기는 것이 아니다. 무고나 위증과 흡사한 속임수를 써야 이긴다. 칼싸움 속임수는 찬탄의 대상으로 삼아 칭송하고, 재판 속임수는 비열하다고 나무라는 것은 불공평하다. 칼싸움 속임수를 자랑하던 검객들은 사라지고, 재판 속임수를 정교하게 개발해 돈을 벌려고 하는 변호사들이 어느 나라에서든지 나날이 늘어난다.

이렇게 말하면 일본에서는 예전에 재판 싸움이 없었던가 하는 반문이 제기된다. 그렇다. 거의 없었다. 재판을 하지 않고 칼로 해결했다. 농민이 건방지게 굴면 무사가 칼을 빼서 처단할 수 있었다. 사사로운 복수가 미화되었다. 일본의 계몽사상가 복택유길(福澤諭吉, 후쿠자와 유키치)이 말하기를, 조선은 형벌이 혹독한 나라여서 싫다고 했다. 일본에는 없는 혹독한 형벌이 조선에는 있는 이유는, 종이 아버지를 죽였어도 사사로이 복수할 수 없고 관가에 고변을 해서 재판을 받게 해야 했기 때문이다. 과학수사의 방법을 사용하기 전에는 어디서든지 재판을 위한 심문을 혹독하게 했다. 그래도 재판 없이 바로 죽이는 것이 낫다고 할 것은 아니다.

"양반이 글 못하면 절로 상놈 되고/
상놈이 글 하면 절로 양반 되나니/
두어라 양반 상놈 글로 구별하느니라"라고 하는
고시조가 있다. 타고난 처지에 머무르지 않고
신분 상승을 위해 일제히 분투해 생겨난
혼란과 역동성이 오늘날까지 이어진다.

남다른
학구열

● 남다른 학구열

(가) 1123년에 고려에 온 중국 송나라 사신 서긍(徐兢)이 견문한 바를 『고려도경』(高麗圖經)에 기록한 데 주목할 대목이 있다. 도서관 장서가 수만 권이고, 일반인이 사는 마을에도 서점이 몇 개씩 있다고 했다. 학구열이 대단해 군졸이나 어린아이들까지 글공부를 한다고 했다. 모두 중국에서 볼 수 있는 바를 능가해 놀랍다고 했다.

(나) 1866년 강화도에 침공한 프랑스 군인들이 남긴 기록에 있는 말을 보자. "감탄하면서 볼 수밖에 없고, 우리 자존심을 상하게 하는 또 한 가지는 아무리 가난한 집이라도 어디든지 책이 있는 것이다. 글을 해독할 수 없는 사람은 아주 드물고, 그런 사람은 다른 사람들로부터 멸시를 당했다. 프랑스에서도 문맹자에 대해 여론이 그만큼 엄격하다면 무시당할 사람들이 천지일 것이다."

(다) 1909년에 출판된 견문기, 캐나다인 기독교 선교사 게일

(J.S. Gale)의 『전환기의 조선(Korea in Transition)』에서 한국인은 "책 읽기를 좋아하고", "학문을 좋아하는 심성"을 지니고, "교육열이 높다"고 했다. "학문적 성과를 따져보면, 조선 학자들의 업적이 예일대학이나 옥스퍼드대학 또는 존스홉킨스대학 출신들보다 높다"고 했다.

위의 세 자료는 모두 한국인은 글 읽기를 좋아하고 학구열이 대단해 높이 평가된다고, 당시 세계 최고 수준에 이르렀다고 자랑하는 나라 사람들이 입증했다. (가)의 시기에는 중국 송나라가 문화 발전에서 세계 정상이었다. (나)와 (다)의 시기에는 유럽 문명권의 위세가 극도에 이르렀다. 그런데 (가)·(나)·(다)에서 모두 자기 나라보다 한국이 문화 수준과 학구열에서 앞선다고 했다.

어째서 그랬던가? 한국인은 이룩된 동아시아 문명의 정수를 가져와 본바닥보다 더욱 발전시키는 것을 뒤떨어지지 않고 앞서는 방법으로 삼았다. (가)보다 조금 앞서서, 중국 송나라의 문인 소식(蘇軾)은 고려에 책을 수출하지 말아야 한다고 나라에 상소했다. 중국에서 책을 많이 사와 중국에는 없는 책이 고려에는 있으니 중국의 체면이 손상된다고 여겼다.

신분제를 철폐하고 평등사회를 이룩하는 과정에서 한국인 누구나 상위신분 양반이 되는 상향평준화를 택해 학업이 필수 요건으로 등장한 것이 중국이나 일본과 달랐다. 중국은 과거

〈북새선은도〉. 화원 화가 한시각(韓時覺, 1621~1691 이후)이 1664년(현종 5) 함경도 길주목에서 실시된 문무과 과거 장면을 그린 기록화이다(국립중앙박물관 소장).

급제자 본인만 당대에 한해 신사(紳士)라는 상위신분을 지니다가, 신해혁명을 거치고 과거제가 철폐되자 상위신분 소지자가 없어져 하향평준화 사회가 되었다. 일본에서는 정인(町人, 조닌)이라는 상공업자를 새로운 신분으로 인정해 신분제의 동요를 막은 효과가 오늘날까지 지속된다. 누구나 분수에 맞게 처신하고 직업 이동이 적어 안정을 누리는 반면에 활력이 모자란다.

한국에서는 과거 급제를 필수 요건으로 하지 않고 양반 신분이 유지되며 자식 전원에게 상속되었으며, 공식 또는 비공식의 방법으로 양반이 되는 길이 열려 있었다. 양반 노릇을 하

려면 글공부를 하고 과거에 응시해야 했다. 과거 응시자가 폭발적으로 늘어나 큰 혼잡이 일어났다. 한시문을 지어 문집을 만드는 일이 성행해 전적의 유산이 넘치도록 많다. 그 정도에 그치지 않고, 한문 공부의 열풍이 사회 전체로 퍼졌다. "양반이 글 못하면 절로 상놈 되고/상놈이 글 하면 절로 양반 되나니/ 두어라 양반 상놈 글로 구별하느니라"라고 하는 고시조가 있다.

중인 신분의 시인 천수경(千壽慶, 1757~1818)이 차린 서당에서 한문을 잘 가르쳐 큰 인기를 얻은 것으로 알려졌다. 위항의 부호들이 자식들을 가르치기 위하여 다투어 초치했다. 학생이

김홍도, 〈자리짜기〉. 어린 아들의 글 읽는 소리에 맞추어 아버지는 자리를 짜고 어머니는 물레를 돌려 실을 뽑는다. 아들은 낮에 서당에서 배운 천자문을 부모님 앞에서 자랑스레 막대기로 짚어가며 읽어 보이고 있다. 부모는 글 읽는 아들이 대견스러워 일을 하면서도 힘든 줄을 모른다.(국립중앙박물관 소장)

모두 5, 60명이나 되어 반을 나누어 교육을 할 정도였다. 법도가 매우 엄했다고 했다. 그 무렵 김홍도(金弘道)가 그린 풍속화에 아버지는 자리를 짜고, 어머니는 물레를 돌리는 곁에서 아이가 책을 읽는 모습을 그린 것이 있다. 어떻게 해서든지 자식은 가르쳐야 한다고 여겨 서당에 보내는 풍조를 보여준다.

중국과 일본에도 서당에 해당하는 교육기관이 있었으나 시정 생활에 필요한 실용적인 지식을 가르쳤다. 한국에서는 상위신분에게나 필요한 고급의 지식을 누구나 습득하고자 했다. 타고난 처지에 머무르지 않고 신분 상승을 위해 일제히 분투해 생겨난 혼란과 역동성이 오늘날까지 이어진다.

학구열은 외국으로 이주한 교민에게서도 확인되는 한국인의 특성이다. 중국 조선족은 교육을 민족종교로 삼는다고 한다. 구소련 여러 나라의 고려인이나 미주의 한인도 공부를 잘해 사회 진출을 바람직하게 하는 데 남다른 노력을 쏟고 있다. 카자흐스탄에 갔을 때, 어린 나이에 강제로 이주된 고려인이 여성들까지 학교를 다녀 우수한 성적을 얻어 명문 대학을 졸업했다는 말을 듣고 놀랐다.

한국은 상향평등이 진행되어
신분 차별 의식이 없어졌다.
사회적 지위를 넘어서
지식이나 지혜도 함께 지닌다.
범부가 사는 이치를 어느 누구도 다 밝혀
논할 수 없다고 한용운은 말했다.

만민평등 실현

출처 : https://pixabay.com

● 만민평등 실현

한국의 전통사회도 다른 모든 나라처럼 신분사회였다. 신분제의 확립과 더불어 중세가 시작되었다고 할 수 있다. 중국이나 월남처럼 한국에서도 과거제로 지배신분을 확인하고 관직 담당자를 선발했다. 문무 양반으로 이루어진 지배신분 가운데 문반이 우위를 차지하고 무반 위에 군림하는 정도가 가장 컸으며, 일본의 경우와 반대가 되었다.

중세에서 근대로의 이행기에 이르면 자산계급인 시민이 등장해 신분사회를 계급사회로 바꾸어놓으려고 한 세계사적 변화가 한국에서도 일어났다. 이에 대처하는 방법은 나라마다 달랐다. 영국의 귀족은 시민의 생업에 참여했다. 프랑스에서는 부유한 시민은 국가 시책에 따라서 귀족의 신분을 획득하도록 했다. 독일에서는 시민이 귀족을 추종했다. 유럽의 경우에는 많은 연구가 이루어졌으나 동아시아는 그렇지 못해 사태가 모호한 것 같지만, 더욱 선명한 이해가 가능하다.

 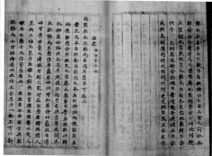

▲정약용　▶「목민심서」

　중국에서는 신분제를 최상위에서만 유지해, 자기 당대에 과
거에 급제한 신사(紳士)만 지배신분의 혜택을 누리게 했다. 일
본에서는 정인(町人, 조닌)이라고 일컫는 시민을 한 신분으로
인정해서, 신분제가 흔들리지 않게 하고, 시민의 경제활동을
보장했다. 월남에서는 신분제를 타파하고 시민의 활동을 자
유롭게 하자고 하는 주장이 변란을 거쳐 구현되다가 취소되었
다. 한국에서는 시민의 능력을 가지고 양반의 신분을 부당하
게 취득하는 풍조가 확대되어 신분제가 무력하게 되었다. 정
약용(丁若鏞)은 관가에 가지고 와서 소송을 하는 족보 가운데
8, 9할이 가짜라고 하면서, 모두 족보를 갖추고 양반이 되면 반
상의 구분이 없어질 터이니 환영할 만한 일이라고 했다.

　중국에서는 과거제를 폐지하자 모든 사람이 평민이 되는 하
향평등이 이루어지고, 한국에서는 능력이 있으면 누구나 양반이

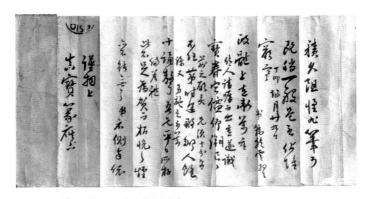

한용운 친필(출처 : 한국민족문화대백과사전)

되는 상향평등이 진행되어 오늘에 이르렀다. 일본에서는 신분
제의 유산을 지닌 채 위로부터의 근대화를 추진했다. 월남은
민족해방투쟁을 전개하는 과정에서 상층 출신의 지식인이 민
중과 동화되면서 민중을 이끌었다.

오늘날 한국에는 신분 차별 의식이 없다. 천민의 후손인 것
을 일본에서는 극력 감추어 차별을 피하지만, 한국에서는 아
주 다르다. 고기 장사는 천민인 백정이 하던 일인데, 대대로
고기 장사를 했다고 선전하면서 손님을 모으는 식당이 있다.
양반 족보가 필요하면 거래 업자에게 돈을 내고 쉽게 만들 수
있다. 대통령은 존귀하다고 생각하지 않고 누구나 쉽게 나무
란다. 만민평등(萬民平等)의 이상이 실현되었다.

평등은 사회적 지위에 관한 것만이 아니다. 지식이나 지혜
의 평등이 더욱 소중하다. 난해하기 이를 데 없는 불교 경전을

소상하게 풀이한 신라의 고승 원효(元曉)는 뱀처럼 기어다니던 아이 사복(蛇伏)이 말이 너무 많다고 나무라자 입을 다물었다고 『삼국유사』에 적혀 있다. 유식 위에 무식이 있고, 유식의 근거는 무식임을 일깨워준 일화이다.

근래의 뛰어난 사상가이면서 시인인 한용운(韓龍雲)은 "넓은 땅에 사는 범부는 본디 스스로 만족함을 갖추고 있고, 일체의 성현은 도리를 모두 말할 수 없다(博地凡夫 本自具足 一切賢聖 道破不得)"고 말했다. 낮은 자리에 있는 예사 사람들인 '범부'가 삶을 누리기나 하면 되는 이치를 지혜가 대단한 위치에 올랐다고 하는 '현성'들이 다 밝혀 논할 수 없다는 말이다. 범부가 누리고 있는 "본디 스스로 만족함을 갖춘" 경지는 아무런 차등이 없이 원만하기만 해서 말이 모자라 전하기 어렵다고 한 것이다.

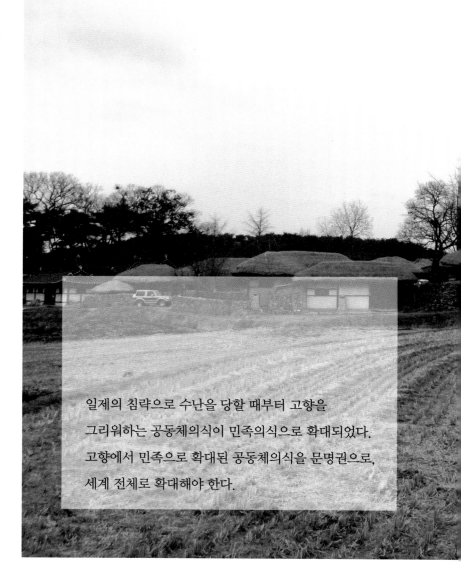

일제의 침략으로 수난을 당할 때부터 고향을
그리워하는 공동체의식이 민족의식으로 확대되었다.
고향에서 민족으로 확대된 공동체의식을 문명권으로,
세계 전체로 확대해야 한다.

공동체 의식

아산 외암리 민속마을

● 공동체 의식

　한국인은 마을 단위로 공동체를 이루고 살아왔다. 자연발생적인 마을 공동체를 두 가지 방식으로 조직화했다. 하나는 '두레'이고, 또 하나는 '향약(鄕約)'이다. 두레는 농사짓고 길쌈하는 일을 함께 하는 하층 주도의 조직이며, 관습을 규칙으로 했다. 향약은 예절을 지키고 상호부조를 하는 데 함께 힘쓰자고 하는 상층 주도의 조직이며, 명문 규정을 갖추었다.

　근대화하고 산업화하면서 농촌도 달라져 두레와 향약은 이어지지 못하고, 자연발생적인 공동체의식은 어느 정도 지속되고 있다. 교통의 발달과 교류의 확대로, 마을공동체 못지않게 고을공동체가 중요해졌다. 고을이란 과거의 군현(郡縣)이고 오늘날 시군(市郡)인 행정단위인데, 문화전통을 공유하고 공동의 이해관계를 가진다. 지방 자치가 이루어지면서 자기 고을을 자랑하고 이롭게 하는 데 힘쓴다. 고을을 넘어서서 지방민의식도 높아져 다른 곳들과의 경쟁을 의식한다.

임실 필봉 농악(출처 : 임실군 문화관광 홈페이지)

　농촌 인구가 급격하게 줄어들고 한국인 대다수가 도시민이 되면서 공동체 의식이 달라졌다. 공동의 뿌리를 찾아 뭉치는 것이 새로운 풍조이다. 혈연을 찾는 종친회, 학연을 찾는 동문회, 지연을 찾는 향우회에 많은 사람이 열성적으로 참여한다. 이런 공동체는 내부 구성원의 단합과 상호부조에 기여하지만, 배타적인 성격을 지녀 분열을 촉진하기도 한다.

　고향은 한국인의 종교가 되었다. 고향에 살고 있을 때에는 그저 그렇던 곳이 세상이 달라져 타향살이를 하는 사람들이 많아지자 동경의 대상이 되고 최대한 미화되었다. 성지순례를 하는 무슬림처럼 명절이면 고향을 찾아 부모를 만나려는 행렬이 길에 넘친다. 일제의 침략으로 수난을 당할 때부터 고향을 그리워하는 공동체의식이 민족의식으로 확대되었다. "밭 잃고

당진 기지시 줄다리기(출처 : 당진시청 홈페이지)

집 잃은 동무들아/어디로 가야만 좋을까 보냐." 일제에게 생활
터전을 빼앗기고 떠나가는 사람들이 이런 사설의 아리랑을 불
렀다. "감발을 하면서 백두산 넘어/북간도 벌판을 헤맨다". 이
런 처지인 사람들이 피를 토하면서 부른 아리랑이 국내에도
전해져 민족의 노래가 되었다.

　오늘날 남북으로 나누어진 이산가족이 상봉을 열망하면서
가족 사랑과 고향 생각을 민족애로 감싼다. 남북이 각기 만든
국기 대신에 함께 만든 한반도기를 흔들면서 아리랑을 함께
부르는 감격을 확대해 통일을 앞당기고자 한다. 통일은 정략
적 계산이나 이해득실을 넘어서서 절대적으로 신성하다고 하
는 신념으로 최대의 공동체 의식이 집약되어 있다.

　공동체의식은 공동체 구성원이 아닌 쪽은 배격하는 편협성
을 지닐 수 있어 반성이 필요하다. 고향에서 민족으로 확대된
공동체의식을 문명권으로, 세계 전체로 확대해야 한다. 공자

(孔子)가 일찍이 "사해형제(四海兄弟)"라고 한 말을 제한 없이 실현하는 데 앞서야 한다. 그러기 위해서는 "우리 민족은", "우리나라는" 하는 말을 "사람은 누구나"라고 하는 것으로 바꾸어 놓는 사상 각성이 필요하다.

공자는 '화이부동(和而不同)'도 말했다. "화합하면서 같지는 않다"는 말이다. 같기만 바라면 화합할 수 없다. 다른 것을 인정하고 받아들여야 공동체를 이룰 수 있다. 어떻게 하면 그럴 수 있는가? 이에 관한 홍대용(洪大容)의 견해를 들어보자. "사람이 동물을 보면 사람이 귀하고 동물이 천하지만, 동물이 사람을 보면 동물이 귀하고 사람이 천하고, 하늘에서 보면 사람이나 동물이나 균등하다(以物視人 人貴而物賤 以物視人 物貴而人賤 以天視之 人物均)"라고 했다. 자기를 높이고 남을 낮추는 것은 절대적이지 않고 상대적인 줄 알고 서로 받아들이는 것이, 하늘에서 본다고 한 보편적인 사고라고 했다.

'인물균(人物均)'은 '피아균(彼我均)'이기도 하고, '내외균(內外均)'이기도 하다. '대소균(大小均)', '강약균(強弱均)', '빈부균(貧富均)', '현우균(賢愚均)'이라고도 할 수 있다. 해당되는 개념을 얼마든지 바꿀 수 있는 것이 균등의 폭을 넓히는 열린 사고이다. 개인이든 민족이든 국가든 문명이든, 자기는 특별해 우월하다고 하려고 하지 말고 남들과 서로 이해하고 받아들이는 균등한 관계를 폭넓게 실현하기 위해 노력하는 것을 사명으로 삼아야 한다.

설은 대보름까지 이어지는 새해맞이 명절이다.

단오는 파종 기념 명절이다.

추석은 추수 기념 명절이다.

이 셋은 기능이 분명해 가장 큰 명절이다.

중부 이북 지방에서는 단오가 우세해 단오권을 이루고,

남부 지방에서는 추석이 우세해 추석권을 이루었다,

역법과 명절

출처 : https://pixabay.com

● 역법과 명절

천체 운행의 주기에 따라 날짜를 구분하는 방식을 역법(曆法)이라고 한다. 가장 중요한 천체인 해와 달은 운행주기가 일치하지 않아 고민이다. 해를 따르는 태양력과 달을 따르는 태음력이 서로 다르고, 둘 다 문제점이 많아 수정을 거듭해왔다. 역법에 따라 명절을 정하고 명절 행사를 거행해 세시풍속이 이루어졌다. 역법이 흔들리니 명절에도 혼란이 있었다. 역법을 도입하면 명절 일자를 다시 정하고 행사 내용도 달라질 수 있었다.

이른 시기 한국에는 독자적 역법이 있어 명절 행사를 거행하는 기준으로 삼았을 것이다. 그 내역이 중국 문헌『위지동이전(魏志東夷傳)』에 올라 있는 것을 보자. 부여는 은정월(殷正月)*

---

* 　은정월(殷正月) : 은정(殷正)은 은나라 때의 정월을 가리키는 말인데, 은나라의 달력을 지칭하게 되었다. 은정월은 지금의 음력 12월에 해당된다.(한국고전용어사전)

에 영고(迎鼓), 고구려는 10월에 동맹(東盟), 예(濊)는 10월에 무천(舞天)이라는 나라 굿을 거행한다고 했다. 마한에서는 5월에 씨를 뿌린 다음, 10월에 농사를 끝내고 다시 노래 부르고 춤추는 행사를 한다고 했다. 어느 달에 행사를 하는지 중국의 역법에 따라 기록했다고 생각된다.

7세기 중국의 역사서 『수서(隋書)』에 신라에서는 "해마다 정월 원단(元旦)에 왕이 연희를 베풀어 여러 손님과 관원들이 모인다"고 하고, "이날 일월신(日月神)에 배례한다"는 기록이 있다. 설날 기념은 고금이 다르지 않으나, 일월신 배례는 이어지지 않았다. 『삼국사기』에는 32년에 있었던 일이라고 하고, 7월 16일부터 8월 15일까지 부녀자들이 길쌈 시합을 하고 진 편이 이긴 편을 대접하는 잔치를 벌인 것이 가배(嘉俳)의 기원이라고 했다. '가배'는 '한가위'라는 말로 전해지고 '추석(秋夕)'이라고도 한다.

위에서 든 여러 재래의 명절은 중국에서 역법을 가져오면서 정리되기도 하고 변모하기도 했다. 역법 도입에 관한 이른 시기 기록은 보이지 않고, 백제가 일본에 554년에 역박사(曆博士)를, 602년에는 역서(曆書)를 보낸 사실은 양쪽의 역사서에 명시되어 있다. 중국의 역법은 안정되지 않고 거듭 고쳐도 착오가 있고 사용하기 불편했다. 원나라 때 중국의 역법보다 더욱 발전된 태음력(太陰曆)인 이슬람의 회회력(回回曆)이 들어와 문제점을 어느 정도 시정할 수 있었다.

그 전례를 이어받으면서, 명나라는 1368년에 대통력(大統曆)이라는 것을 반포해 질서를 바로잡는 근본으로 삼는다고 했다. 역법 제정은 하늘을 대리하는 천자의 독점권이므로 다른 나라는 천자가 내리는 역서를 해마다 가져다 써야 한다고 했다. 그것은 과학을 정치에 이용하고 과학의 발전을 막는 이중의 횡포이다. 조선왕조는 그 조처를 따르면서, 가져온 역서를 그대로 사용하지 않고, 잘못을 바로잡고 실정에 맞게 고쳐『칠정산내편(七政算內篇)』과『칠정산외편(七政算內篇)』을 만들었다. '칠정'은 일곱 천체이다. '산'은 계산이다.『내편』은 대통력 수정판이고,『외편』은 회회력 수정판이다,

『고려사』에서 9대 명절이 원단(元旦)・상원(上元)・상사(上巳)・한식(寒食)・단오(端午)・추석(秋夕)・중구(重九)・팔관(八關)・동지(冬至)라고 했다. '원단'은 '설날'이고, '상원'은 '대보름', '추석'은 '한가위'여서 고유한 명칭이 있는 고유한 명절이다. '秋夕'은 원래 문자 그대로 '가을 저녁'이라는 뜻인데 '중추(仲秋, 中秋)'를 대신하는 말로 고려 때 이미 바꾸어놓고 지금까지 애용한다.

한식은 중국에서 풍속까지 수입된 명절인 것 같다. 중구와 동지는 재래의 역법이 확립되어 생긴 명절이고 재래의 원천을 찾기 어렵다. 이 셋은 후대까지 이어지지만 중요한 명절은 아니고 복잡한 행사가 없다. 팔관은 국가에서 거대한 축전 팔관회를 거행하기로 정해놓은 날이다. 그날이 서경에서는 10월

대보름 절식(출처 : 한국민족문화대백과사전)

에, 개경에서는 11월에 있었다. 10월에 거행하던 고구려의 동맹이나 예의 무천이 팔관회로 이어졌다고 생각된다. 팔관회가 없어지자 오랜 전통이 사라졌다. 민간의 별신에 유습이 남아 있다고 할 수 있으나 정해진 날은 없다.

단오는 재래의 명칭이 없어 외래의 명절 같으나, 연원을 찾을 수 있다. 발전된 사회가 아닌 마한에서 영고나 무천 같은 특별한 이름 없이 거행하던 5월의 파종 기념행사가 깊은 뿌리를 가지고 면면히 이어온다고 할 수 있다. 행사의 규모가 커서 널리 알려진 강릉단오제(江陵端午祭)는 대관령 산신맞이 별신굿을 하고 탈춤을 공연한다. 무당굿과 농악대굿이 함께 빚어

퇴계 이황 종가의 상차림(출처 : 문화재청)

내는 기층문화 심층의 축전이다. 중국의 단오 행사와는 거리가 아주 먼 것이 '단오'라는 명칭만 차용한 증거이다.

　설은 대보름까지 이어지는 새해맞이 명절이다. 단오는 파종 기념 명절이다. 추석은 추수 기념 명절이다. 이 셋은 기능이 분명해 가장 큰 명절이다. 그런데 단오와 한가위는 설 다음으로 중요한 명절의 자리를 놓고 경합했다. 중부 이북 지방에서는 단오가 우세해 단오권을 이루고, 남부 지방에서는 추석이 우세해 추석권을 이루었다, 중부 이북 지방에서는 추석 때 아직 추수를 못하고, 남부 지방에서는 단오 이전에 이미 파종을 하기 때문에 선호하는 명절이 달라졌을 수 있다. 명절과 농사가 꼭 맞아 들어가지 않는 것은 기후의 차이에 이유가 있다고 하고 말 것은 아니다. 역법에 문제가 있다는 생각도 해야 한다.

　태음력이 부정확하고 불편하다고 판단해 1896년에 서양 각국에서 사용하는 태양력을 받아들였다. 태양력에서는 재래의 명절 일자가 해마다 날짜가 달라지는 불편이 생겼다. 태양력은 과학적이라는 생각 때문에 태음력에 의지하던 명절을 퇴출하고자 하는 시책이 있었다. 일본에서는 태음력을 아주 없앤 것에 고무되어 정부가 과감하게 나섰다. 공격의 목표는 설날이었다. 이중과세를 막는다는 구실로 음력설을 없애려고 했다. 그러나 시책이 지고 전통이 이겼다. 설날이 앞뒤 날짜까지 모두 사흘 공휴일이 되는 지위로 화려하게 부활했다. 추석도 같은 영광을 누리고, 단오는 하루 휴일도 아니다. 조선시대까지는 매월 명절이 있어 그 전후 며칠 공무를 쉬었다. 태양력에는 일요일과 토요일이 있어 명절 전후 휴일이 필요하지 않게 된 데 단오까지 휩쓸려 들어갔다.

　오늘날에는 설날과 추석이 양대 명절이다. 각기 사흘 연휴가 있고 전후 며칠까지 쉬기도 한다. 그래서 한 해 두 차례 고향을 찾아 부모를 만나고 선조 차례를 지내려는 사람들이 거대한 규모의 이동을 한다.

한국인은 쌀을 주식으로 하고, 간장으로 간을 맞추며,
수저로 음식을 든다.
동남아시아는 젓갈간장을, 동북아시아는 메주간장을,
한국에서는 그 둘을 다 쓴다.
한국음식은 맛이 있다고 스스로 평가하고
남들도 인정한다.

맛의 비결

● 맛의 비결

한국인은 쌀을 주식으로 하고, 간장으로 간을 맞추며, 수저로 음식을 든다. 쌀, 간장, 수저가 음식 문화에서 긴요한 사항이다. 이 셋을 하나씩 고찰해보자.

쌀은 인도 이동 아시아에서 주식으로 한다. 그 점에서 그 서쪽 사람들은 밀을, 미주대륙 원주민은 옥수수를 주식으로 하는 것과 다르다. 쌀은 좁은 땅에서 많이 수확되고, 다른 곡물보다 영양가를 고루 잘 갖추고 있다. 그런 이점이 있어 쌀을 재배할 수 있는 곳은 인구가 조밀하다. 그러나 자연적 조건이 절대적인 것은 아니다. 노력하면 그 지역을 넓힐 수 있다. 한국인이 중국 동북 지방이나 중앙아시아로 이주해 쌀농사를 전파했다.

타이 이동 아시아에서는 간장으로, 다른 모든 곳은 소금으로 간을 맞춘다. 발효식품 간장은 음식을 맛있게 하고, 영양가가 우수하다. 간장에는 젓갈간장과 메주간장이 있다. 동남아시아는 젓갈간장을, 동북아시아는 메주간장을 사용한다. 한국에서는 그 둘을 다 쓴다. 그 둘 가운데 젓갈간장이 더 오래된 것 같다. 일본에서는 젓갈간장을 쓰다가 메주간장으로 바꾼 것이 확인되는데, 젓갈간장은 거의 없어졌다.

한국의 젓갈은 자료와 제법이 다양하며, 간장에 그치지 않고 반찬 노릇도 하는 것이 동남아 쪽과 다르다. 고추는 일본을 거쳐 들어왔는데 일본보다 더 많이 사용해 음식을 더욱 다채롭게 한다. 소금에 절인 채소에 젓갈과 고추를 버무려 김치를 만든다. 일본의 '기무치'는 젓갈을 쓴 발효식품이 아닌 점에서 김치와 차이가 있다.

수저에는 젓가락과 숟가락, 창과 칼이 있다. 앞의 것은 동아시아에서, 뒤의 것은 유럽에서 사용한다. 그 밖의 세계 대부분 지역에서는 손으로 음식을 먹고 수저랄 것이 없다. 그러면서 젓가락과 숟가락이 차지하는 비중이 동아시아 각국에서 다르다. 한국에서는 둘을 대등하게 사용하지만, 다른 곳에서는 젓가락이 주연이고 숟가락은 조연이다. 일본은 젓가락만으로 식사를 거의 다 하고, 숟가락을 사용하는 경우는 아주 드물다. 한국에서는 숟가락으로 국물을 떠먹어야 하는 음식이 다양하고, 다른 곳은 그렇지 않다. 젓가락은 손재주를 발달시킨다. 동아시아 사람들이 손으로 하는 운동을 잘 하는 것이 그 때문이다.

한국음식이 맛이 있다고 스스로 평가하고 남들도 인정한다. 그 이유는 식재료를 키워내는 토질과 기후에서 찾을 수 있다. 한국의 토질은 비옥하다. 서남 지방에 널리 퍼져 있는 갯벌에

서 자라는 어패류가 호남 지방이 음식의 고장이게 한다. 기후는 일조량이 많고 일교차가 큰 특징을 지니고 있어 야채나 과일의 맛이 뛰어나게 한다.

음식을 만들 때 양념을 많이 쓰는 것도 맛의 비결이다. 마늘과 고춧가루를 애용하고, 된장과 고추장이 있다. 그러나 동남아시아와 중국 일대에서 애용하는 향채는 경남까지 들어오다가 말았다. 한국인은 갖은 양념과 채소를 버무려 만드는 음식을 만들기를 좋아한다. 찌개와 비빔밥이 좋은 본보기이다. 이질적인 요소를 한 데 비비는 것이 한국문화의 특징이라고 할 수 있다.

기본 식단은 밥, 김치, 그리고 찌개를 포함한 국이다. 국을 밥과 함께 먹는 것이 서양인은 국을 먼저, 중국은 국을 나중에

먹는 것과 다르다. 서양인이나 중국인은 밥에 해당하는 주식을 술을 마시면서 먹지만, 한국인이나 일본은 반주라고 하는 술을 먼저 마시고 주식은 국과 함께 든다. 일본의 국보다 한국의 국은 가지 수가 훨씬 많고 맛도 다양하다. 국물이 많은 국, 적은 찌개가 둘 다 있는 곳은 한국뿐이다.

한국의 술은 청주와 탁주로 구분된다. 청주 가운데 순수한 증류주인 소주만 도수가 높았는데 지금은 낮아지고 있다. 다른 부류의 청주는 원래 도수가 낮았으며, 갖가지 재료를 사용해 다채롭게 만드는 것을 자랑으로 삼고, 지방 특산물을 이어왔다. 탁주는 막걸리라고도 하는 도수 낮은 술이다. 음료수이기도 하고 간식이기도 하다. 지방차가 적고, 거의 같은 막걸리를 어디서나 즐겨 마신다.

집을 짓고 누정을 만들고 나무를 심고

화초를 가꾸고 하는 것이 인위적인 조경이 아니고

자연 그대로인 듯이 보이게 하고,

자연과 구별되지 않고 이어지게 한다.

"산 절로 수 절로 산수간에 나도 절로"를

그대로 실현한다.

자연과 함께하는
주거

안동 하회마을(출처 : https://pixabay.com)

● 자연과 함께하는 주거

마을은 배산임수(背山臨水)를 이상으로 삼는다. 뒤에 산이 있고, 앞에 물이 흐르면 좋다고 한다. 왼쪽 또는 동쪽에는 좌청룡(左靑龍), 오른쪽 또는 서쪽에는 우백호(右白虎)라고 하는 산이 마을을 둘러싸면 더욱 명당이라고 한다.

집은 남향으로 지어 햇빛이 잘 들게 해야 한다고 한다. 햇빛을 채광이나 난방을 위해 소중하다고 하는 정도를 넘어서 그 자체로 숭앙한다. 북쪽의 어둠은 죽음의 영역이고 남쪽의 햇빛은 삶의 영역이라고 여긴다. 햇빛을 받아야 원기를 얻고 삶이 즐거워진다고 한다. 이런 생각이 현대 건축이나 오늘날의 주거 생활에도 완강하게 지속된다.

난방을 위한 온돌과 냉방을 위한 마루를 함께 갖추어 겨울의 추위와 여름의 더위를 함께 막는다. 그러면서 추위를 막는 것이 더 큰 과제인 북부 지방에서는 방을 두 줄로 배열하고 안에다 마루를 넣는 겹집을 짓고 지붕을 낮게 했다. 더위가 더

아산 외암리 민속마을

문제인 남부 지방에서는 바람이 잘 통하도록 방을 한 줄로 배열하는 홑집을 만들고 마루를 넓히고 지붕을 높였다. 벽은 흙으로 만들어 보온이 잘 되게 하고, 문이나 창에는 창호지를 발라 달아놓아도 통풍이 되게 했다.

지붕의 형태에 따라 나누면 기와집도 있고, 초가도 있다. 부유한 집에서는 기와로 지붕을 올렸고, 서민들이 거주하는 민가에서는 대부분 볏짚으로 이은 초가지붕을 얹었다. 초가지붕은 겨울에는 열을 빼앗기지 않고 여름에는 강렬한 태양열을 차단해 주며, 구하기 쉽고 비도 잘 스며들지 않아 지붕의 재료로 가장 널리 사용되었다. 그러나 초가는 지붕을 해마다 다시

1. 아산 맹사성 고택   2. 강릉 선교장   3. 예산 추사 고택
4. 강릉 선교장 활래정   5. 중국 상해 예원   6. 일본 후쿠오카 정원

이어야 하는 불편이 있다. 오늘날에는 초가집은 거의 없어졌다.

규모가 큰 기와집은 사랑채와 안채를 구별해서 지었다. 밖에 있는 사랑채는 남성의 공간이고, 뒤에 있는 안채는 여성의 공간이다. 제사를 지내기 위한 사당, 하인들을 위한 행랑채를 따로 두기도 했다. 아무리 여유가 있어도 궁궐이 아닌 민간 주택은 99칸까지만 지을 수 있게 했다. 대규모의 건축물에는 궁궐뿐만 아니라 사찰도 있다.

주택의 규모나 경제 사정과는 관계없이 각기 그 나름대로 나무를 심고 화초를 가꾸었다. 큰 집에서는 연못을 파서 연꽃을 심고, 정자를 만들기도 했다. 집 밖 경치가 좋은 곳에 '누정(樓亭)'이라고 총칭되는 정자나 누각을 만들어 공동으로 이용했다. 누정에는 유래를 말하고 경치를 기린 한시문 편액을 걸었다.

집을 짓고 누정을 만들고 나무를 심고 화초를 가꾸고 하는 것이 인위적인 조경이 아니고 자연 그대로인 듯이 보이게 하고, 자연과 구별되지 않고 이어지게 한다. "산 절로 수 절로 산수간에 나도 절로"라고 시조에서 말하는 것을 그대로 실현한다. 이 점에서 자연을 축소한 인공정원을 만드는 일본이나 괴석(怪石)을 애호하는 중국과는 취향이 다르다.

한복은 상하의가 분리되고, 흰색을 좋아하며,
곡선의 아름다움을 선호한다.
버선에서는 곡선의 모습이 최대한 정교하게 나타난다.
곡선의 아름다움을 선호하는 한국인의 취향은
문화적 표현의 여러 형태에서 나타난다.

복식의
아름다움

별문숙고사까치두루마기(국립고궁박물관 소장)

● 복식의 아름다움

　복식이란 사람의 몸을 치장하는 모든 의류의 총칭이다. '복(服)'은 몸통과 팔 다리를 감싸주는 의복을, '식(飾)'은 머리에 쓰는 모자나 관, 발에 신는 신이나 허리에 두르는 띠 등 여러 가지 장식을 말한다. 복식은 사람을 자연의 침해에서 보호하고, 남녀의 구분을 나타내고, 사회적 지위나 직분을 명시하고, 미적 감각이나 취향을 보여주는 기능을 한다.

　의복은 나라에 따라 특징이 달라, 한국인의 복식은 한복이라고 한다. 한복의 특징은 세 가지로 간추려 말할 수 있다. 상하의가 분리되고, 흰색을 좋아하고, 곡선의 아름다움을 선호한다는 것이다. 이 세 가지 특징을 하나씩 살펴보자.

　상의는 저고리라고 하는 것이 예사이다. 하의는 바지와 치마이다. 여성도 애초에는 바지를 입었다고 생각되나 나중에는 치마를 입어 남성복과 달라졌다. 저고리의 길이는 시대에 따라 달라졌다. 전에는 허리를 덮는 길이였는데 나중에는 젖

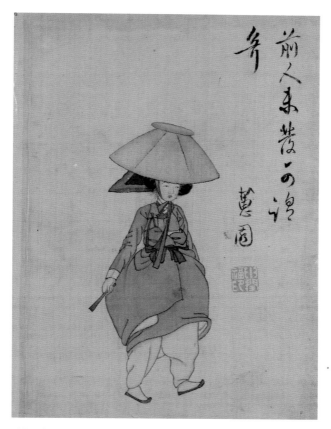

신윤복, 〈전모를 쓴 여인〉(국립중앙박물관 소장)

가슴 위까지 올라갔다. 그 위에 상하의 통의로 된 겉옷을 입는다. 겉옷은 여러 가지여서 각기 다른 말로 지칭되다가 두루마기라고 하는 것으로 형태와 명칭이 통일되었다. 두루마기까지 갖추어 입어야 예절에 맞다.

일찍부터 흰 옷인 백의(白衣)를 좋아해서 백의민족이라고 일컬어진다. 이것은 염색 기술이 부족해서 생긴 풍속이므로 자랑할 것이 못 된다고 할 수 있으나, 그렇지 않다. 승려들이 입는 먹물 옷, 제주도에서 감으로 염색한 갈옷 같은 것들은 힘들이지 않고 만들 수 있는데, 널리 애용하지 않았다.

곡선의 아름다움은 저고리에 달린 소매에서 보이고, 여성의 치마에서 더 잘 나타난다. 발을 감싸기만 하는 버선을 만들면서 곡선의 모습을 최대한 정교하게 다듬었다. 그 모습이 건물 추녀에서 볼 수 있는 바와 상통한다. 곡선의 아름다움을 선호하는 한국인의 취향이 문화적 표현의 여러 형태에서 나타나고 복식에도 보인다.

지금까지 말한 것은 일반인의 평상복이다. 일반인이 아닌 특수한 사람들이 입는, 평상복이 아닌 정복은 특이한 모습과 화려한 색채를 자랑했다. 국왕 이하의 여러 관원들의 관복뿐만 아니라, 기생, 광대, 무당의 복색도 화려하다. 일반인도 혼례를 거행할 때에는 관복을 차용한 화려한 복색을 갖추었다. 흑색, 백색, 적색, 청색, 황색으로 이루어져 있는 오방색(五方色)을 한꺼번에 배열하는 것을 좋아했다. 그래서 만든 아이들의 색동옷이 아주 예쁘다.

한복은 손으로 만들었으며, 옷을 전부 뜯어 세탁하고 다시 다듬이질과 바느질을 해야 하기 때문에 시간이 많이 들고 수고가 많다. 활동하기에 불편한 단점도 있다. 이런 이유에서 오늘날은 평상복 구실은 하지 못하고 의례복으로 남아 있다. 한복의 형태와 색채를 다양하게 한 새로운 한복이 고가의 차림

1. 김홍도, 〈행상〉(국립중앙박물관 소장)
2. 김홍도, 〈우물가〉(국립중앙박물관 소장)
3. 김혜순 한복패션쇼 '조선의 혼 다시 살아나다' (2012년 국립중앙박물관)
4. 아동 한복(한국궁중복식연구원)

1. 〈남구만 초상〉(국립중앙박물관 소장)
2. 김홍도 · 이명기, 〈서직수 초상〉(국립중앙박물관 소장)
3. 채용신, 〈최익현 초상〉(국립중앙박물관 소장)

새로 등장했다. 활동하기 편하게 만든 개량한복은 편하게 입
고 세탁에도 어려움이 없다.

　머리는 맨머리로 다니지 않고 무엇이든지 쓰는 것이 오랜
관습이다. 특별한 위치에 있는 사람들은 직분을 나타내는 모
자를 쓰고, 일반인은 갓을 썼다. 갓은 가벼우면서도 햇빛을 가
리고 머리를 보호하는 이점이 있었다. 여성은 잘 차릴 때 족두
리를 썼다. 쓸 것이 없으면 머리에 수건을 둘렀다. 이런 것들
은 이어지지 않는다. 지금은 새로운 한복이나 개량한복을 입
어도 머리를 맨머리로 한다.

4

사고방식

한국인은 등산을 좋아한다.

산을 좋아하는 한국인의 내면에는 산을 숭상하던

오랜 전통이 자리잡고 있다.

산이 좋아
산에 오른다

● 산이 좋아 산에 오른다

한국에는 산이 많다. 산이 높지 않아 오르기 쉽다. 한국인은 산을 숭상하고, 산에 오르기를 좋아한다. 주말이면 오르는 사람들이 산을 가득 메우는 광경을 다른 나라에서는 보기 어렵다. 설악산 정상 대청봉에 발 디딜 틈이 없이 사람들이 들어서는 놀라운 일이 벌어진다. 전문가가 따로 없고 누구나 산악인이다. 취미를 조사하면 '등산'이라는 응답이 가장 많다. 등산용품이 많이 팔려 호황을 이룬다.

산악회 같은 모임을 만들어 함께 등산하고 일 년에 한 번씩 시산제(始山祭)라는 이름의 제사를 지낸다. 시산제는 산신령에게 산에 무사히 잘 오르게 해달라고 하는 제사이다. 산신령은 산을 지키고, 산에 오르는 사람들을 보호하는 데 그치지 않고 고을이나 나라를 지키기까지 한다고 여긴다. 호국산신에 대한 오랜 신앙이 의식의 저변에 남아 있다.

그 내력을 옛 기록에서 찾아보자. 하느님의 아들인 환웅(桓

설악산 권금성

雄)이 태백산(太伯山)에 내려와 한국 역사가 시작되었다. 환웅
의 아들 단군(壇君)은 최초의 군주 노릇을 하다가 아사달(阿斯
達)의 산신이 되었다. 가야산신(伽倻山神) 정견성모[正見母主]가
대가야와 금관국의 왕을 낳았다. 선도산성모(仙桃山聖母)가 신
라의 시조 혁거세(赫居世)를 낳았다. 탈해(脫解) 임금은 죽어서
토함산(土含山)의 산신이 되었다. 이런 기록이 전한다.

　신라에서 산신 섬기기를 제도화해서 대사(大祀) 삼산(三山)
이라고 한 나력(奈歷) 골화(骨火) 혈례(穴禮), 중사(中祀)라고 한
오악(五岳) 동 토함산(土含山), 남 지리산(地理山), 서 계룡산(鷄

龍山), 북 태백산(太伯山), 중 부악(父岳)을 국가에서 제사 지냈다. 고려시대에는 중경의 송악산(松嶽山), 서경의 백아강(白牙岡), 남경의 삼각산(三角山)을 특별히 숭앙했다. 조선시대에는 사악(四嶽)이라고 한, 남악지리산(南嶽智異山), 중악삼각산(中嶽三角山,) 서악송악산(西嶽松嶽山) 북악비백산(北嶽鼻白山)을 나라에서 제사 지냈다.

이들 산의 산신이 모습을 나타내 사람을 도와주어 호국산신 노릇을 한 이야기가 다채롭게 전한다. 신라의 나력·골화·혈례 세 곳의 산신이 젊고 아름다운 여인의 모습을 하고 나타나 김유신(金庾信)이 적국 고구려 첩자에게 속아 고구려로 가고 있다고 일깨워주고 위험을 미리 막았다고 『삼국유사』에 기록되어 있다.

조선시대에는 명나라 장수 이여송(李如松)이 조선을 도와 왜적을 물리치러 왔다가 조선에 인재가 나지 못하게 하려고 산에 혈을 지르고 다녔다. 조선 장수들은 아무도 제어하지 못하는데 산신이 나타나 제어했다고 소설 『임진록(壬辰錄)』에서 말했다. 속리산 호산신이 장수가 되어 나타나 이여송의 목을 베었다고 한 이본도 있다.

병자호란을 다룬 소설 『박씨전』에는 더욱 흥미로운 이야기가 있다. 주인공 박씨는 금강산에 산다는 박 처사의 딸이라고 했다. 이시백이라는 관원의 아내가 되어 서울로 올 때에는 보기 싫은 추녀였다가 허물을 벗고 절세의 미녀가 되고서, 깊이

정선, 〈금강전도〉

감추어두었던 도술을 발휘해 침략군과 맞섰다. 그러나 천명을 거역하지는 못해 섬멸하지는 못하고 진격을 막기만 했다.

박 처사는 예사 사람이 아니고 금강산 산신이다. 금강산 산신이 장래의 일을 미리 알고 자기 딸을 세상에 보내 국난을 극복하게 했다. 산신의 딸이므로 추녀에서 미녀로 변신하고, 숨겨둔 능력을 발휘했다. 금강산의 호국산신이 역사에 개입하는 사건을 이야기하면서 민족의 저력에 대한 깊은 신뢰를 나타냈다고 할 수 있다.

1860년에 영불 함대가 중국을 침공해 북경을 함락했다는 소식을 듣고 충격을 받아 최제우(崔濟愚)는 대처방안을 찾다가 득도해 동학(東學)을 일으켰다. 득도의 과정과 의미를 알린 노래 〈몽중노소문답가〉에서는 사실 전달 이상의 상징적인 표현을 썼다. "삼각산 한양 도읍 사백년 지난 후의 하원갑"에 세상인심 살피며 개탄하다가 금강산 상상봉에 올라갔다고 했다. 하원갑(下元甲)의 말세를 맞이해 삼각산으로 상징되는 조선왕조는 운수를 다했음을 알고, 삼각산보다 더 높고 신령스러운 금강산에 올라 상원갑(上元甲)의 이상적인 시대가 시작되는 후천개벽의 계기를 찾고자 한 것이다.

금강산 상상봉에서 신선 같은 차림을 한 도사를 만나 효유하는 말을 들었다고 했다. 도사는 작품의 문면에서 무어라고 풀이하지 않았으나, 천지운행의 도수를 일러주며 민족의 영웅을 일깨우는 금강산 산신임을 쉽사리 알아차릴 수 있다. 『박씨

1. 가야산 해인사
2. 영구산 운주사
3. 덕숭산 수덕사 입구
4. 팔공산 동화사 산신각

전』에서 자기 딸을 이 세상에 보냈던 신령의 재현이다.

백두산은 너무 멀리 있어 민족의 산일 수 없었다. 환웅이 내려온 곳이라고 말한 태백산은 "지금의 묘향산(妙香山)이다"라고『삼국유사』에서 주를 달아 설명한다. 조선 초기에 정복 전쟁을 거쳐 국경이 지금과 같은 곳까지 확장되어 백두산을 알게 되었다. 국토 확장의 주역 김종서(金宗瑞)는 "장백산에 기를 꽂고 두만강에 말 씻기니"라고 한 시조를 남겼다, 장백산과 두만강을 함께 일컬어, 기개를 나타냈다. 조금 뒤에 남이(南怡) 장군이 지은 한시 "백두산 돌은 칼을 갈아 다 닳게 하고, 두만강 물은 말을 먹여 없애노라(白頭山石磨刀盡 豆滿江水飮馬無)"에는 '백두산'이라는 말이 보인다. 오늘날 백두산을 중국에서는 장백산이라고 한다고 분개하는 것은 이런 내력을 모르기 때문에 생긴 잘못이다.

백두산은 그 뒤에 거의 잊혔다가, 18세기에 이르러서야 찾아간 사람들이 있어 기행문을 남겼다. 백두산 일대에서 사는 주민의 생활상을 파악하게 되었다. 백두산을 민족의 성산(聖山)으로 여기게 된 것은 대종교(大倧敎)가 생겨날 때의 일이다. 창시자 나철(羅喆)이 일제의 국권 침탈이 진행되던 1905년에 백두산에서 왔다는 노인을 만나 대종교의 기본 경전「삼일신고(三一神誥)」를 얻어 민족신앙을 되찾았다고 하고 백두산을 민족의 성산으로 받들기로 했다.

그런데 백두산은 만주족이 오래전부터 섬겨온 산이다. 일제에게 나라를 빼앗기고 백두산 근처로 망명한 민족지사들이 백두산을 민족의 산으로 삼으면서 만주족과 충돌이나 경쟁이 생기지 않게 하는 방안을 찾았다. 만주족이 넓은 의미의 한민족에 포함되므로 백두산을 함께 섬기는 것이 당연하다고 했다. 민족지사 박은식(朴殷植)은 『몽배금태조(夢拜金太祖)』를 지어 꿈에 백두산 상봉에 있는 금나라 태조의 궁전에 가서 국권 회복을 위한 지침을 받았다고 했다. 대종교 신앙이 널리 퍼져 백두산은 원래부터 한민족의 성산이라고 하게 되었다. 누구나 믿어 의심하지 않고, 이치에 맞는 논의를 배제하는 신앙이 널리 퍼졌다. 이러한 신앙을 북쪽에서 이용해 김일성 일가의 통치를 기리는 근거로 삼고 있다.

산악숭배는 여러 종교에 깊이 자리를 잡고 있다. 조상의 무덤을 산에다 쓰고 무덤을 산소(山所)라고 한다. 불교 사찰에는 산신각(山神閣)이 있다. 사찰 이름에 '팔공산동화사(八公山桐華寺)'라고 하는 것처럼 산 이름을 붙인다. 사찰을 산과 동일시해서, 사찰 경내를 산문(山門), 사찰 개설을 개산(開山), 중심 사찰을 본산(本山)이라고 한다. 이런 전통이 기독교를 받아들일 때에도 작용했다. 유럽에는 시가지 중심에 있는 것이 예사인 기독교 교회를 한국에서 처음 지을 때 언덕 위에 자리를 잡도록 했다. 선교사의 취향이 아닌 신도들의 선택이다. 멀리 산까지는 가지 못하더라도 교회가 신성하려면 언덕 위 조금이라도 높은 곳에 자리 잡아야 한다고 했다.

忠清道布政司

무당굿은 미신이라는 이유로 천대받고 있으며

탄압의 대상이 되기도 했으나

최근에는 문화재로 재평가된다.

종교적 기능은 쇠퇴하고 예능으로 각광을 받는다.

장승 세우고
굿을 하고

天下大將軍

地下女將軍

출처 : https://pixabay.com

● 장승 세우고 굿을 하고

　한국에서는 산에도 물에도 지킴이가 있다고 여긴다. 산 지킴이는 '산신(山神)'이고, 물 지킴이는 '수구맥이'라고 일컫는 것이 예사인데 어떤 존재인지 확실하지 않다. 물이 깊으면 '이무기'가 있고, 더 깊으면 '용왕'이 산다고 여긴다. 절에도 산신을 모셔 산신당(山神堂)이 있다. 법당 안팎에 용의 모습을 만들어 놓은 절이 이따금 있다.

　마을 입구에는 무서운 모습을 한 '장승'이 서 있어 잡귀를 막는다. '장승'을 '벅수'라고도 한다. 나무로 만든 것이 많고 돌로 다듬은 것도 있다. '천하대장군(天下大將軍)', '지하여장군(地下女將軍)' 등으로 일컬어지는 암수 둘이 서 있는 것이 예사이다. 제주도의 '돌하르방'도 비슷한 것이다. 요즈음은 장승 만들어 세우기가 크게 유행하고, 별별 이상한 모습을 한 것들도 많이 있다.

　동신을 '서낭'이라고도 한다. 서낭은 마을의 수호신이다. 모

남원 실상사 석장승(ⓒ허균)

습이 어떤지는 말하지 않고, 막대기에 여러 가지 장식물을 달
아 서낭대로 삼는 곳이 흔히 있다. 정월 보름에 서낭에게 마을
의 안녕을 기원한다면서 풍물을 치고 굿을 하기도 하고, 제물
을 차려놓고 절을 하는 제사를 지내기도 한다. 제사를 지내기
에 앞서 농악대가 풍물을 치면서 집집마다 다니면서 덕담을

하고 곡식을 거두는 걸립(乞粒)을 한다.

'서낭'이라는 말은 '성황(城隍)'에서 유래했다. '성황'은 중국에서 섬기는 도시의 수호신이다. 고을마다 사당을 지어놓고 제사를 지냈다. 그 풍속을 받아들여 한국에서도 성황사(城隍祠)를 고을마다 만들었으나 호응을 받지 못해 잊혀졌다. 마을의 수호신을 받드는 오랜 행사가 건재해 대치가 필요하지 않았다. '성황'이 '서낭'으로 변한 말이 각기 다른 마을 수호신 호칭을 한 데 묶는 통칭으로 남아 있다.

농악대도 굿을 하고 무당도 굿을 했다. 두 굿은 화려한 복색을 한 사람들이 악기를 울리고 춤을 추며 노래를 하는 점이 같다. 그러나 농악대는 예사 농민으로 구성되고, 무당은 특별한 권능을 가졌다고 인정되는 특별한 사람이 맡았다. 무당 자식이 무당이 되는 세습무(世襲巫)도 있고, 무당 노릇을 할 생각이 없는 사람이 갑자기 신이 내려 무당이 되는 강신무(降神巫)도 있다. 강신무라도 학습 과정을 거쳐야 무당 노릇을 제대로 한다.

무당굿은 절차가 복잡하고 부르는 노래 무가(巫歌)는 사설이 많아 힘써 익혀야 한다. 전승된 사설에다 즉흥적인 창작을 보탠다. 청중 가운데 누구를 불러내 연극을 꾸미기도 한다. 굿은 마을 단위로 정기적으로 하기도 하고 개인이 요청해서 하기도 한다. 마을 단위로 일정한 시기에 하는 대규모의 굿은 별신굿이라고 한다. 고기잡이가 잘 되라고 어촌에서 하는 별신굿이

아산 외암리 민속마을 장승

무신도

제주도 돌하르방

제주도 와흘 송당본향당

많다. 별신굿은 온 마을의 큰 축제여서 누구나 즐겁게 참여해 신명을 푼다.

제주도에서는 무당을 '신방'이라고 한다. 신방은 '당 맨 신방'이라고 해서 어느 마을 신당을 맡아 있는 고정적인 사제자 노릇을 하는 것이 예사이다. 그 마을의 수호신을 섬기는 굿을 해마다 일정한 시기에 하면서 수호신의 내력인 '본풀이'를 길게 노래하는 것이 가장 큰 임무이다. 굿은 규모가 크고 화려해 대단한 구경거리이다. 제주도민에게는 그보다 더 좋은 구경거리가 없었다.

무당굿은 미신이라는 이유로 천대받고 있으며 탄압의 대상이 되기도 했다. 그러나 최근에는 문화재로 재평가된다. 종교적 기능은 쇠퇴하고 예능으로 각광을 받는다. 제주 칠머리당

제주 칠머리당 영등굿(출처 : 국립무형유산원 홈페이지)

영등굿은 인류무형유산으로 유네스코가 지정했다. 외국인 한 국학자들의 연구 대상으로 무당굿이 큰 인기가 있다.

『삼국유사』는 불교의 진리가 고고한 데 있다고 하지 않고
미천한 사람들의 삶에서 찾아야 한다고 했다.
고답적인 불교에서 벗어나 민중에게 다가가
발랄한 삶을 긍정해 마땅하다고 깨우쳐주었다.

깨달음을 바라는
종교

● 깨달음을 바라는 종교

　종교란 무엇인가? 일상생활의 우아에 매몰되어 있기만 하지 말고 "저 높은 곳을 향해" 초월적이고 영원한 영역의 숭고로 나아가자는 노력이나 운동이라고 할 수 있다. 종교를 일으킨 교조가 초월적이고 영원한 영역의 숭고에 관해 가르친 바를 믿고 따라야 한다는 것이 공통된 교리이다.

　숭고와 함께 비장을 제시하기도 한다. 영원한 영역에 속한다고 알려진 신들도 사실은 그렇지 못해 죽음을 피하지 못한다는 종교도 있어 숭고가 비장이게 한다. 신들과 함께 초월적인 능력을 지니지 못하고 한탄하고 그 때문에 희생되는 인간의 운명을 비장하게 인식하기도 한다.

　숭고가 비장이게 하는 것이 기독교의 경우에는 흔히 볼 수 있는 방식을 넘어선다. 신의 아들이 이 세상에 태어나 살해되고 부활했다고 해서 신의 초월성과 세상의 불의를 극단적으로 대조해 보여주었다. 숭고를 내세우기만 해서는 일상적인 우아

부석사 무량수전

의 껍질을 깨기에는 역부족이라고 여겨 강도 높은 비장을 택했다고 할 수 있다.

어느 종교의 교리든 일단 이루어진 다음 오래 두고 숭상하면 굳어져 생동하는 의의를 잃게 마련이다. 숭고에 대한 인식이 관습화해서 우아를 넘어설 수 있는 힘이 없어진다. 교조가 다시 나타나 종교를 거듭 창건하는 경우도 있지만, 교조 대신 성자가 등장해 활성화의 사명을 수행한다. 진리를 남다르게 추구하기 위해 고행을 하고 이적을 보여 널리 숭앙되는 성직자 또는 일반신자가 성자이다. 여러 성자가 남긴 갖가지 이야기가 구전되고 기록되기도 한 것을 '성자전'이라고 총칭한다.

성자전은 성자가 숭고를 추구한 행적을 납득할 수 있게 전

▲미륵반가사유상　◀ 원효　▶지눌

달해 숭앙하고 따르면서 우아에 머무르는 삶을 반성하도록 하는 것이 예사이다. 숭고가 비장이게 해서 충격을 확대하는 것도 흔히 볼 수 있다. 기독교에 흔하고 이슬람교에도 있는 순교자 이야기는 비장한 성자전의 좋은 본보기이다. 고행이 상상 이상이라고 하는 성자전도 비장을 갖춘다.

성자는 고고하게 놀지 않고 민중과 더불어 허름하게 살아가는 것을 높은 경지에 이른 증거로 삼기도 한다. 숭고를 향해 나아갔다가 우아로 되돌아와 우아가 숭고임을 말해주기도 하고, 숭고에 대한 헛된 집착을 골계로 깨기도 한다. 이런 성자전이 불교에 많다. 중국 고승전에 보이는 기이한 승려들은 파격적인 언동으로 골계를 빚어냈다.

지금까지의 논의를 한국 고승들의 행적에서 구체화해보자. 『삼국유사』의 한 대목에 동해안에 보살이 나타나 찾아가 만났다는 이야기가 승려에 따라 다르게 전한다. 의상(義湘)이 바라본 보살은 아득한 저쪽에 있고 용의 무리가 옹위하고 수많은 보배로 장식되어 있어 모습이 쉽사리 드러나지 않았다. 원효 (元曉)가 만난 보살은 벼를 베거나 개짐을 씻고 있는 여자여서 장난짓거리 말을 나누었다. 범일(梵日)이 찾아낸 보살은 시골 아낙네의 철없는 아들놈이 동무삼아 노는 상대였다. 의상은 숭고에서, 원효는 골계에서, 범일은 우아에서 진리를 찾았다.

『삼국유사』는 예사 고승전이 아니다. 불교의 진리가 고고한 데 있다고 하지 않고 미천한 사람들의 삶에서 찾아 마땅하다 고 하는 파격적인 지론을 폈다. 의상이 추구한 것 같은 숭고보 다 범일이 본보기를 보인 우아의 발견에 더욱 관심을 가졌다. 원효처럼 파격적인 승려들이 숭고도 우아도 함께 부정하는 골 계스러운 언동을 다채롭게 보여주는 것을 책의 기본 내용으로 삼고, 고답적인 불교에서 벗어나 민중에게 다가가 발랄한 삶 을 긍정해 마땅하다고 깨우쳐주었다.

혜공(惠空)은 남의 집에서 고용살이를 하는 노파의 아들이며 아버지가 누구라는 말은 없다. 여러 가지 이적을 보이고, 미친 듯이 취해서는 부개를 짊어지고 거리에서 노래 부르고 춤추기 를 일삼았다고 한다. 부개는 물건을 운반할 때 쓰는 삼태기 따 위이다. 일하면서 사는 삶을 떠나서는 불법이 없다는 생각에 서 자기 절 이름을 순우리말로 '부개절'이라고 했다.

혜공이 만년에 머무르고 있던 절을 원효가 거듭 찾아가 경 전을 풀이하다가 의심나는 곳을 물었다고 했다. 두 사람이 시

운주사

냇가에서 물고기와 새우를 잡아먹고 돌바닥 위에 대변을 보고, 혜공이 "너의 똥이 내 물고기이다"고 했다. 이것이 무슨 말인가? 너와 나, 삶과 죽음, 깨끗한 것, 더러운 것이 둘이 아니고 하나임이 경전에서 말한 근본이치라고 일깨워주었음을 알아차려야 한다. 이름이 오어사(吾魚寺)로 바뀐 그 절이 지금도 있어 수수께끼 풀이를 깨달음의 단서로 삼게 한다.

「진신공양(眞身供養)」이라는 대목을 보자. 신라 효소왕이 692년에 망덕사(望德寺)를 창건해 당나라를 위해 복을 빌고자 했다. 경덕왕 때인 755년에 망덕사 탑이 흔들리더니 안사(安史)의 난이 일어났다. 절을 다 지어 낙성연을 열 때 누추한 승려가 나타나 동참을 허락해달라고 했다. 효소왕은 비웃는 말로 거처를 묻고 "국왕이 친히 공양하는 재에 갔었다고 말하지 말라"고 했다. 누추한 승려는 "진신(眞身) 석가(釋迦)를 공양했다고 말하지 마십시오"라고 하면서 몸을 솟구쳐 공중에 떠서 갔다. 왕이 사람을 시켜 찾게 하니 지팡이와 바리때만 발견되었다. 그 승려가 거처한다는 곳, 그리고 지팡이와 바리때가 발견된 곳에 각기 절을 세웠다.

당나라에 의존하려고 한 것은 어리석다, 당나라가 흔들리는데 어떻게 한단 말인가 하고 말했다. 국왕이 멸시하는 누추한 승려가 진신 석가여래라고 하는 충격적인 역설로 이중의 무지를 깨우쳤다. 승려는 국왕에게 부하가 아니고 스승이다. 누추하고 미천한 백성이 가장 훌륭하다. 불교 경전에서 비슷한 것을 찾아내, 기록한 이야기가 독자적인 창조물임을 알게 했다. 중국 당나라, 인도 카슈미르까지 연관시켜 이해하는 넓은 시야를 갖추고, 신라가 어째서 자랑스러운지 밝혀냈다.

깨달음의 웃음은 어느 종교에도 있을 수 있고, 불교에서는 상당한 정도로 중요시하는데, 한국에서는 진리 추구를 위한 핵심적인 방법으로 삼았다. 승려들의 사상에 민중의식이 보태져 마련된 이런 전승을 일연이 『삼국유사』를 지을 때 적극 수용했다. 상하·승속 합작의 전통이 면면하게 이어지게 하는 중간 거점을 마련했다.

한국철학은 중국에서 이기철학을 받아들여
본격적으로 발전했다.
이학은 중국에서 받아들여 따르려고 힘썼지만,
기학은 중국의 전례를 참고와 자극으로 삼으면서
기본적인 발상은 독자적으로
마련했다고 보아 마땅하다.

민중과 합작하는
철학

출처 : https://pixabay.com

● 민중과 합작하는 철학

위에서 든 혜공과 원효의 관계에 관한 이야기는 구비철학을 바탕으로 해서 기록철학이 이루진 내력을 말해준다. 혜공은 무식이 유식이고, 논리를 넘어서야 각성에 이른다는 구비철학으로 원효를 깨우쳤다. 원효는 그 가르침을 받아들여 난해하게 얽혀 있는 불교 경전을 시원스럽게 풀어내는 논설을 탁월한 수준으로 쓸 수 있었다. 원효는 많은 저술을 해서, 여러 교파 사이의 다툼을 넘어서고, 귀족불교와 민중불교가 하나가 되게 하려고 했다. 광대의 춤을 추고 노래를 부르고 다니면서 깨우침을 촉구하기도 했다.

원효를 깨우쳐주고 일연(一然)이 기록에 올린 것과 같은 구비철학은 그 뒤에도 다양하고 풍부하게 전승되어 누구나 쉽게 만나 바로 친해질 수 있었다. 일연은 각기 분리되어 전해진 역사서·고승전·설화집을 합쳐서 넘어서면서, 민중의 전승을 적극 받아들여 『삼국유사(三國遺事)』를 지었다. 원효의 교리 통합과 상통하는 작업을 일연은 저술 방식 통합에서 다시 보여주었다.

이러한 작업을 최제우(崔濟愚)가 다시 했다. 최제우는 조선왕조가 운수를 다해 외세의 침공을 감당하지 못하자 동학(東學)을 일으켜 '후천개벽(後天開闢)'이라고 일컫은 대혁신을 이룩하는 길을 찾았다. 민중의 각성을 집약해 유불도(儒佛道) 삼교를 합치고 넘어서서 역사의 위기를 타개하는 활력으로 삼았다. 중국에서 전래된 동아시아 문명의 창조물을 민중의 구비전승과 합쳐서 새롭게 생동하게 하고, 여러 가닥으로 나누어진 표현물을 하나로 합치는 것이 한국의 전통이다.

한국철학은 중국에서 이기(理氣)철학을 받아들여 본격적으로 발전했다. 이기철학은 이와 기 가운데 어느 것을 더 중요시하는가에 따라 이학(理學)과 기학(氣學)으로 나누어진다. 이학과 기학의 대립은 한국에서 더욱 선명하게 나타났다. 이학은 중국에서 받아들여 따르려고 힘썼지만, 기학은 중국의 경우보다 노선이 더욱 선명해 중국의 전례를 참고와 자극으로 삼으면서 기본적인 발상은 독자적으로 마련했다고 보아 마땅하다. 이렇게 된 이유도 구비철학과의 관련에서 찾을 수 있다. 기학적 사고를 생활의 신조로 삼는 민중의 구비철학이 위로 올라가 한국철학의 특징을 만들어냈다고 하는 것이 적절한 해명이다.

이규보는 조물주가 자기 스스로를 부정한다는 기이한 글

이규보

「문조물(問造物)」에서 "물은 스스로 생기고 변한다(物自生自化)"고 했다. 이것은 스스로 깨달은 원리이다. 정도전(鄭道傳)이나 김시습(金時習)이 전개한 기학도 특정 전례와 연결되지 않는 독자적인 재구성물이고 창안물이다. 이학의 수용이 뚜렷하게 이루어진 다음에는 기학자로 중국에서 이룩한 업적을 참고해야 했으나, 산출한 결과는 중국 것과 상당한 거리가 있다.

장재(張載)와 서경덕(徐敬德), 나흠순(羅欽順)과 임성주(任聖周), 왕부지(王夫之)와 홍대용(洪大容), 대진(戴震)과 최한기(崔漢綺)를 견주어보자. 중국에서는 경전을 주해하면서 자기 견해를 삽입하는 방법을 사용하는 것이 상례였는데, 한국의 기학은 독자적인 논술을 갖추고 다양한 표현 형태를 사용했다. 분명한 주장을 철저한 논증을 갖추어 전개하지 못할 때에는 두 가지 방법을 사용했다. 연결되는 설명을 배제해 충격을 주고 시비를 피하는 단상을 열거하기도 했다. 「의산문답(毉山問答)」이나 「호질(虎叱)」 같은 우언을 이용하는 유격전술을 택하기도 했다. 그래서 구비철학의 표현법과 더욱 밀접한 관련을 가졌다. 그러다가 마침내 최한기의 『기측체의(氣測體義)』, 『인정(人政)』,

『기학(氣學)』에서 볼 수 있는 체계적인 저작이 이루어졌다.

서경덕은 「원이기(原理氣)」를 비롯한 일련의 논설에서 이(理)를 별개의 것이 아니고 기(氣)의 이치에 지나지 않는다고 하는 기학을 분명하게 했다. "허즉기(虛則氣)"여서 없음이 있음이고, 하나의 기가 둘을 포함하고 있어, 두 기가 운동해 천지만물이 생성된다고 했다. 사람도 기가 모여 살고 기가 흩어져 죽는다고 했다. 이것은 천성부도(千聖不到) 즉 천 명의 성인이 이르지 못한 경지라고 했다.

최한기의 『기측체의』는 「신기통(神氣通)」과 「추측록(推測錄)」으로 이루어져 있다. 「신기통」은 눈·귀·코·입을 통한 감각적 인식을 어떻게 온몸에서 수용하고 종합하는가를 고찰했다. 「추측록」은 나타나 있는 것을 근거로 삼아 나타나 있지 않은 것을 알아내는 인식의 과정을 '추기측리(抽氣測理)'에서 '추물측사(抽物測事)'까지 다섯 항목에 걸쳐 단계적으로 논의했다. 성현의 가르침이라 하면서 전해진 모든 견해를 버리고 진실을 스스로 인식하는 방법을, 일체의 인용이 없이 자기 스스로 논리를 갖추어 전개하는 획기적인 작업을 했다.

최한기까지 이른 한국철학사의 전개를 중국철학사와 거시적인 관점에서 비교해보자. 고대에는 중국의 공자(孔子)에 견줄 한국 철학자는 없었다. 중세 전기 중국의 동중서(董仲舒)가 수행한 과업을 한국의 김부식(金富軾)은 천여 년 뒤에 뒤따랐다. 중세 후기에는 중국의 주희(朱熹)가 이룩한 성리학의 이학

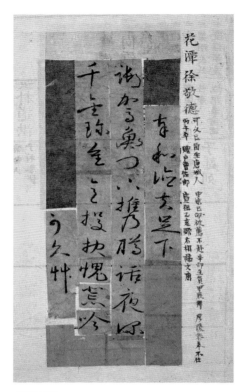

花潭 徐敬德

서경덕 간서

을 4백 년 정도의 간격을 두고 한국의 이황(李滉)이 철저하게 다졌다. 중세에서 근대로의 이행기에는 중국의 나흠순·왕부지·대진보다 한국의 임성주·홍대용·박지원·최한기가 기학을 더욱 분명하게 하고 한층 발전시켰다.

　한국철학은 중국철학과의 간격을 줄이다가 중국철학보다 앞서게 되었다. 이렇게 된 이유가 무엇인지 둘을 들어 말할 수 있다, 문명권 중심부의 우위가 시대가 바뀌면서 퇴색되고 변방이 더 발전되는 것이 여러 문명권에서 일제히 확인되는 공통된 변화이다. 공통된 변화가 기학의 발전으로 나타난 데는 특별한 이유가 있다. 민중이 육성한 구비의 기학이 비판적인 학자들에게

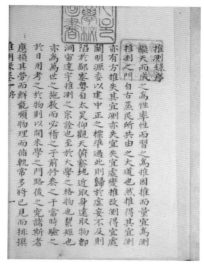

최한기 『추측록』

작용하고 수용되어 중국을 능가하는 창조를 이룩했다고 보는 것이 타당하다.

　민중의 구비 기학은 한국 것이 특히 두드러지지는 하지만 한국에만 있는 것은 아니다. 한국이 특별한 점은 비판적인 철학자들이 민중과 가까운 관계를 가지고 민중의 창조에 호응한 데 있다고 할 수 있다. 지식인과 민중의 합작이 여러 방면에서 발랄한 창조를 수준 높게 하는 비결이다.

음식이나 남녀라는 말로 집약해 나타낸 현실적인 삶이

그 자체로 선이라고 하는 견해를

임성주 · 홍대용 · 박지원이 제시했다.

삶을 누리는 것이 선이고, 삶을 유린하는 것이 악이다.

선악은
어떻게 다른가

● 선악은 어떻게 다른가

　중세 문명은 이상과 현실의 이원론을 공통점으로 하고, 이상과 현실을 구분하는 기준에서 차이점을 보였다. 힌두교·이슬람·기독교 문명에서는 종교적인 구원의 이상과 현실에서 겪는 고난으로 이원론을 구성했다. 유교문명은 종교에는 관심을 두지 않고, 신성론(神性論)이 아닌 인성론(人性論)을 개발해 윤리적 선악의 이원론을 갖추었다.

　동아시아 문명의 연원을 중국에서 마련하면서 선악 구분을 위한 인성론을 사단(四端)과 칠정(七情)을 들어 갖추기로 했다. 사단은『맹자(孟子)』에서 말한 측은(惻隱)·수오(羞惡)·사양(辭讓)·시비(是非)의 마음이다. 가엾게 여기고, 부끄럽게 여기고, 사양하고, 시비를 가리는 마음이다. 그 넷이 각기 인(仁)·의(義)·예(禮)·지(智)의 단(端)이라고 했다. 단이란 단서 또는 발단을 뜻한다. 칠정은『예기(禮記)』에서 말한 희(喜)·노(怒)·애(哀)·구(懼)·애(愛)·오(惡)·욕(欲)이다. 기뻐하고, 노여워하고, 슬퍼하고, 두려워하고, 사랑하고, 미워하고, 욕심내는 마음이다. 사람의 마음을 이것저것 들다가 일곱이 되었다.

사단과 칠정은 소종래가 다르고, 수도 짝이 맞지 않아 함께 논하려고 하니 차질이 생겼다. 선악 구분에 적용하기 어려웠다. 사단이 착한 마음인 것은 분명하지만, 칠정은 악한 마음이라고 하지 못해 악할 수 있는 마음이라고 했다. 착한 마음과 악할 수 있는 마음을 대조해 논하기 어려웠다.

선한 마음과 악한 마음의 관계를 따지는 이론의 틀인 이기(理氣)철학은 후대에 정립되었다. 사단과 칠정의 관계를 이기철학으로 해명하는 것은 성리학의 핵심 과제인데, 주희(朱熹)에 이르러서도 뚜렷한 성과에 이르지 못했다. 한국에서 이황(李滉)이 그 미결과제를 맡아 나섰다. 주희의 뒤를 이어 성리학을 완성하려면 피할 수 없었다. 오랜 고심과 논란 끝에 "사단은 이가 발하고 기가 따르며, 칠정은 기가 발하고 이가 탄다(四端 則理發 而氣隨之 七情 則氣發 而理乘之)"고 하는 데 이르렀다. 이렇게 말하니 사단과 칠정이 둘 다 이와 기의 작용으로 이루어지면서 무엇이 다른지 명확해져, 성리학이 완성되었다.

그러나 문제가 모두 해소된 것은 아니고, 새롭게 제기된다. 이가 발한다고 했는데, 그럴 수 있는가? 이는 이치이거나 원리인데 어떻게 스스로 움직이는가? 사단과 칠정을 분리시켜, 착한 마음과 악한 마음은 출처가 다르다고 한 것이 타당한가? 이런 문제가 제기된다.

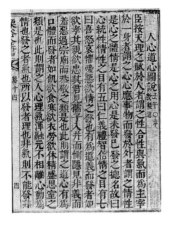

「율곡전서」 중 인심도심설 부분

이이(李珥)는 이런 문제를 해결하기 위해서 이황과 다른 견해를 제기했다. 착한 마음이든 악한 마음이든 기(氣)가 발해서 이루어진다는 것은 다를 바 없다. 출처는 같으면서 지향점이 다르다. 이이는 이렇게 말하려고 기본 용어를 바꾸었다. 도심(道心)과 인심(人心)을 대안으로 삼았다. 『서경(書經)』에서 "인심은 위태롭고, 도심은 희미하다(人心惟危 道心惟微)"고 하고, 주희가 주를 달아 "인심은 인욕이고, 도심은 천리이다(人心人欲也 道心天理也)"라고 한 데서 '인심'과 '도심'을 가져와 기본 용어로 삼았다.

도심과 인심은 둘 다 기에서 발하는 마음이면서 "도심은 도의를 위해 발하고, 인심은 입과 몸을 위해 발한다(道心 其發也 爲道義 人心 其發也 爲口體)"고 해서 지향점이 다르다고 하고, 인심이 도심이 될 수도 있다고 했다. 선악은 출처가 아닌 지향점을 보아 판별해야 한다고 했다. 출처는 동기이고 지향점을 결과라고 할 수 있어 획기적인 전환을 했다.

그러나 인심을 입과 마음을 위해 발해 악한 마음이라고 한 것이 문제이다. 이 문제를 제기한 윤봉구(尹鳳九)는 "음식이나 남녀를 위해 생기는 인심이라도 이(理)에 합당하면 선하므로 (其爲飮食男女而生者 當於理 則此只是人心之善者)" 도심이라야 선하다고 할 수 있는 것은 아니라고 하는 수정안을 제시했다. 먹고 살면서 남녀관계를 가지는 것이 일상인의 삶이다. 일상 인의 삶을 도의를 위하지 않는다고 해서 나쁘다고 하지 않고 그 자체로 긍정적으로 평가할 수 있는 길을 열었다.

그래서 논의가 끝난 것은 아니다. 음식이나 남녀라는 말로 집약해 나타낸 현실적인 삶이 도리에 합당한지 가리지 않고 그 자체로 선이라고 하는 한 걸음 더 나아간 견해를 임성주(任 聖周)·홍대용(洪大容)·박지원(朴趾源)이 제시했다. 임성주는 천지만물과 함께 사람도 생성의 의지인 '생의(生意)'를 근본으 로 하고, "사람 마음이 선함은 기질의 선함이다(人性之善 乃其 氣質善耳)"라고 했다. 삶을 누리는 것이 선임을 홍대용은 "서 로 불러 먹이는 것은 금수의 예의이고, 떨기로 나며 가지를 뻗 어나는 초목의 예의이다(群行呴哺 禽獸之禮義 叢苞條暢 草木之禮 義)"라는 말로 분명하게 했다.

그렇다면 악은 무엇인가? 삶을 누리는 것이 선이고, 삶을 유 린하는 것이 악이다. 박지원은 「호질(虎叱)」에서 호랑이가 사 람을 나무라는 말로 이에 대해 밝혀 논했다. 호랑이는 먹기 위 해 필요할 때 다른 동물을 죽이는데, 사람은 죽이는 것 자체를 즐기니 용서할 수 없다고 나무랐다. 더 큰 악은 사람들이 서로 해치고 빼앗고 죽이는 것이다. 권력이나 재력에서 강자인 쪽

 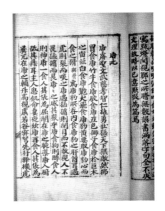

▲연암 박지원 ▶「호질」

이 약자인 쪽을 괴롭힌다. 이런 사회악에 허위의식이 추가되면 사태가 심각해진다. "심한 자는 돈을 형님이라고 한다"고 하고, "장수가 되려고 아내를 죽이기도 한다"고 한 것이 그 단적인 예이다. 전자는 재물을, 후자는 명예를 우상화해서 가치를 왜곡한다, 이렇게 비판했다.

5

예술

한이 신명이고, 신명이 한이다.

신명풀이를 해서 한풀이를 넘어선다.

세계 어느 나라 사람이라도 지닌

신명·신바람·신명풀이가

시들어지지 않고 되살아나게 한다.

신명 · 신바람 ·
신명풀이

● 신명 · 신바람 · 신명풀이

한국인의 정서는 '한(恨)'을 특징으로 한다는 견해가 있다. 그러나 恨은 한국인 정서의 일면에 지나지 않으며, 식민지 시대에 겪은 좌절 때문에 지나치게 확대되었고, 필요 이상 강조되고 있다. 한국인의 정서를 '멋'이라고 하는 말을 많이 들을 수 있으나, 멋이란 한국인이 살아온 삶 전체에 관한 말이 아니다.

정서에 대한 추상적인 논의를 접어두고, "한국인은 어떨 때 열심히 일하는가?"하는 물음을 제기해보자. 이에 대한 대답은 "한국인은 신명이 나야 열심히 일한다"는 것이다. 한이나 멋은 버리고 신명을 택해야 하는 것은 아니다. 한이나 멋을 포함한 더 큰 개념이 신명이라고 하는 것이 마땅하다.

한이 신명이고, 신명이 한이다. 한풀이가 신명풀이여서 신명풀이를 해서 한풀이를 넘어선다. 신명풀이가 신명풀이이기만 해서는 공연히 들떠 있으므로 한풀이가 절실한 동기를 제공한다. 한풀이가 한풀이이기만 해서는 좌절과 자학에서 벗어날 수 없는 한계를 신명풀이에서 극복한다. 신명이 일의 영역이 아닌 놀이의 영역에서 가시적인 형태로 표출된 것이 멋이다. 일의 영역에서도, 가시적이지 않은 형태로도 멋과 같은 것이 있는데, 그것을 따로 지칭하는 말은 없다. 멋이라고 하는 것과 따로 지칭하는 말이 없는 것을 함께 일컬어 신명이라고 한다.

신명은 한자로 '神明'으로 적을 수 있으나, 한자의 뜻으로 이해할 필요가 없다. 한자의 뜻을 적절하게 풀이해서 "깨어 있고 밝은" 마음가짐이라고 하면 뜻하는 바에 근접했으나, 역동적인 움직임을 나타내주지 못한다. "깨어 있고 밝은 마음가짐이 힘차게 움직이는 상태"라고 하면 더욱 핍진한 정의를 얻을 수 있다.

"힘차게 움직이는 상태"는 바람과 같으므로, '신바람'이라는 말을 쓴다. '신명바람'이라고 하면 번다하니 신바람이라고 한다. 그런데 바람은 여기저기 불어 닥친다. 각자의 내면에 있는 신명이 일제히 밖으로까지 나와 여럿이 함께 누리는 것을 신바람이라고 한다는 정의를 추가할 수 있다. 신바람이란 신명이 발현되는 사회기풍이라고 할 수 있다.

'신명풀이'란 "신명을 풀어내는 행위"이다. 안에 있는 신명을 밖으로 풀어내는 행위를 여럿이 함께 한다. 신명풀이는 신명을 각자의 주체성과 공동체의 유대의식을 가지고 발현하는 창조적인 행위라고 규정할 수 있다. 그러므로 신명이나 신바람보다 신명풀이가 더욱 긴요한 연구 대상이다.

사람이 일을 해서 무엇을 창조하는 행위를 하는 것은 자기

안성 사당패 무동놀이

내부의 신명을 그대로 가두어둘 수 없어서 풀어내야 하기 때문이다. 그 점에서는 한풀이가 바로 신명풀이이고, 신명풀이가 바로 한풀이다. 신명을 풀어내는 과정과 사연이 바로 창조적인 행위이다. 창조적인 행위가 어떤 실제적인 이득을 가져오는가 하는 것은 나중에 판별할 문제이다.

신명풀이는 각자 자기 신명을 풀기 위해서 한다. 그 점에 누구든지 개별적인 존재로서 주체성을 가진다. 그러나 신명풀이는 여럿이 함께 주고받으면서 해야 풀이를 하는 보람이 있다. 자기의 신명을 남에게 전해주고, 남의 신명을 자기가 받아들여, 두 신명이 서로 싸우면서 화해하고, 화해하면서 싸워야 신명풀이가 제대로 이루어지고, 그 성과가 더 커진다. 대립이 조화이고 조화가 대립이며, 싸움이 화해이고 화해가 싸움인 것이 천지만물의 근본이치인 것을 신명풀이의 행위에서 절실하게 경험한다.

안성 사당패 풍물놀이

신명·신바람·신명풀이는 한국인만의 것이 아니다. 세계
모든 민족, 모든 국민이 공유하는 바이다. 그런데 한국인에게
서 특히 두드러진 모습을 보이고 있다. 사람의 마음에는 신명
이 아닌 다른 성향도 얼마든지 있고, 사람의 마음을 드러내서
예술행위로 구현하고 철학사상에서 논의하는 방식도 여러 가
지 선택 가능한 것들이 있다. 그런데 한국인은 예술행위나 철
학사상에서 신명에 관해서 특별한 의의를 부여한 특징이 있다
고 생각된다.

탈춤은 싸움이 화해이고 화해가 싸움임을 보여주는 신명풀
이의 예술이다. 그런 원리가 상생(相生)이 상극(相克)이고 상극
이 상생이라고 하는 생극론(生克論)의 철학에서도 구현되어 있
다. 각자 주체성을 가지면서 함께 신명풀이를 하는 방식으로
살아가고 일한다. 한국인은 신명이 나야 열심히 일하는 것이
그 때문이다.

한을 신명으로 풀면 시련이나 고난을 넘어선다.

그렇게 해서 비극이 부정된다.

한국 전통극에 비극은 없고 희극만 있다.

고전소설은 시련과 이합의 과정을 거쳐 남녀의

사랑이 원만한 결말에 이르는 것을 특징으로 삼는다.

문학,
자연스럽게 얽힌 사연

● 문학, 자연스럽게 얽힌 사연

한국문학의 특질은 우선 시가의 율격에서 잘 나타난다. 한국의 시가는 정형시라 해도 한 음보를 이루는 음절수가 변할 수 있고, 음보 형성에 모음의 고저, 장단, 강약 같은 것들이 고려되지 않으며, 운(韻)이 발달되어 있지 않다. 고저를 갖춘 한시, 장단을 갖춘 그리스어나 라틴어 시, 강약을 갖춘 영어나 독일 시에 비하면 단조하다고 할 수 있을 것 같으나, 그런 요건을 갖추지 않은 단순 율격을 사용하는 프랑스나 일본의 시와는 다르게, 음절수가 가변적이기 때문에 변화의 여유를 누린다.

가령 대표적인 정형시 시조를 보면, 네 토막씩 세 줄로 이루어져 있고, 마지막 줄 첫 토막은 예사 토막보다 짧고, 둘째 토막은 예사 토막보다 길어야 한다는 규칙만 있다. 각 토막이 몇 음절로 이루어지는가는 작품에 따라 달라, 작품마다 특이한 율격을 갖출 수 있는 진폭이 인정된다. 다른 여러 시형에서도 공통된 규칙은 최소한으로 한정하고, 변이의 영역을 보장하며, 그 범위를 확대해서 자유시에 근접하는 시형이 일찍부터 다양하게 나타났다. 시조에서 요구하는 그 정도의 제약을 불편하게 여겨, 한 줄을 이루는 토막 수가 정해져 있지 않은 사설

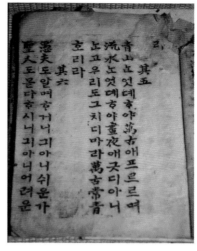

이황, 『도산십이곡』

시조를 만들어냈다. 판소리에서는 작품 전체에 일관된 율격이 없고, 여러 가지 율격과 그 변이형들을 필요에 따라 자유롭게 활용했다.

근대시는 일본을 통해 받아들인 서양의 전례에 따라 온통 자유시가 된 것 같지만, 전통적인 율격을 변형시켜 계승한 작품이 적지 않다. 일본의 경우에는 전통적인 율격의 규칙이 단조롭고 변형을 할 여지가 없으므로, 질서를 파괴하자 바로 무질서가 나타났던 것과 다르게, 한국의 시가 율격에는 원래 질서와 무질서가 공존하고 있었으므로, 무질서의 측면을 두드러지게 하는 자유시를 만들어내는 데 별다른 어려움이 없었다. 그런데도 글자 수를 헤아리는 율격론이 일본에서 수입되어,

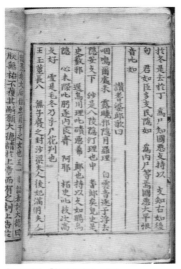

「삼국유사」 「찬기파랑가」 대목
(출처 : 한국민족문화대백과사전)

혼선을 빚었다. 일본과 같은 음수율, 영시에서와 같은 강약률을 적용해서 한국시가의 율격을 잘못 헤아리다가 한국 특유의 음보율을 발견한 것이 최근의 일이다.

율격이 규칙에 매이지 않고 자연스러운 변형을 갖추도록 하는 것은 그래야 멋이 있다고 생각하기 때문이다. 멋은 변형을 선호하는 미의식이라고 할 수 있다. 직선으로 뻗기만 했거나 규칙적으로 모가 난 도형은 좋아하지 않고, 천연스럽게 휘어지고 자연스럽게 이지러진 곡선이라야 멋이 있다고 한다. 문학 표현의 기본 원리이기도 하다. 멋과는 거리가 멀 듯한 한문학에서도 격식이나 꾸밈새를 나무라고, 천진스러운 마음을 그대로 드러내야 한다고 했다.

작품을 전개하면서 애써 다듬어 기교를 자랑하는 풍조를 멀리하고, 일상생활에서 하는 자연스러운 말을 그대로 살리는 것을 소중하게 여겼다. 유식한 문구를 상스러운 말과 함께 쓰면서, 겉 다르고 속 다른 복합구조를 만들어 풍자의 효과를 높

〈구운몽도〉(국립민속박물관 소장)

이는 것이 최상의 표현방법이다. 문학의 가치를 평가하는 서
열의 상하 양 극단에 해당하는 최고 지식인 박지원의 소설과
하층의 탈춤에 그런 특징이 공통적으로 나타나는 것은 참으로
주목할 만한 일이다.

　문학 하는 행위를 놀이로 여기고, 함께 어울리는 사람들이
누구나 같은 자격으로 어울려 춤추는 마당놀이에 회귀하고자
하는 의지가 뚜렷하다. 그래서 하층민중의 탈춤을 재평가하
려고 하는 것만은 아니다. 사상 혁신의 주역들이 노래하고 춤
추면서 크게 깨달은 바를 널리 알려 깊은 감명을 주려고 했다.
원효(元曉)는 광대 스승에게서 배운 바가지춤을 추고 사방 돌
아다니면서 가난하고 미천한 사람들을 일깨웠다. 이황은 곡조

채만식

에 맞추어 부르고 춤을 추면 마음을 깨끗하게 할 수 있는 노래를 짓는다고 했다. 최제우(崔濟愚)는 새로운 사상으로 세상을 변혁하기 위해 칼을 들고 춤추면서 칼노래를 지어 불렀다.

흥거운 놀이이면서 심각한 고민을 나타내는 문학의 양면성을 하나가 되게 합치는 것을 바람직한 창조로 여겨왔다. 심각한 고민에 근거를 둔 정서를 한(恨)이라 일컫고, 한국문학이 한의 문학이라고 하는 지적이 전적으로 부당한 것은 아니다. 그러나 신명난 놀이를 즐기는 다른 일면을 간과하지 말아야 한다. 신명은 감흥이 고조된 상태다. 문학이나 예술을 하면서 한도 풀고 신명도 푼다. 한에 신명이 섞이기도 하고, 신명에 한이 끼어들기도 해 구별하기 어렵다. 예술 창작 행위가 최고 경지에 이르면, 한이 신명이고 신명이 한이어서, 둘이 하나로 합쳐진다.

한을 신명으로 풀면 시련이나 고난을 넘어선다. 그렇게 해서 비극이 부정된다. 한국 전통극에 비극은 없고 희극만 있다. 연극의 영역을 넘어서더라도 비극적인 것을 높이 평가하지 않으며, 웃음을 통해서 깊은 진실을 깨닫는 데 이르려 한다. 깨달음의 높은 경지에 오른 고
승들이 우스꽝스러운 거동을
하면서 숭고한 교리에 대한
헛된 집착을 타파하는 본보기
를 보였다는 설화가 흔히 있
다. 기발한 착상으로 논리를
넘어서는 선시(禪詩)를 불교
문학의 가장 소중한 영역으로
여기는 것도 같은 원리에 근

김유정

거를 둔다. 박지원은 자기는 글로 장난을 한다면서 사상 혁신
의 최고 성과를 나타냈다. 채만식(蔡萬植)이나 김유정(金裕貞)
이 좋은 본보기를 보여주었듯이, 근대문학에서도 사회의식이
고조된 작품은 웃음의 효과를 활용하는 데 더욱 적극성을 띠
었다.

한국의 서사문학 작품이 행복한 결말에 이르는 것도 이와
함께 고찰할 수 있는 특징이다. 고대의 건국신화에서 마련된
'영웅의 일생'에서 영웅은 모든 고난을 투쟁으로 극복하고 승
리자가 되는 것을 공식화된 결말로 삼았으며, 승리를 이룩하
면 천상의 축복을 받을 따름이고, 지상과 천상, 사람과 신 사
이의 대결이 다시 문제되지 않았다. 그렇게 해서 뚜렷하게 드
러난 일원론에 근거를 둔 현실주의가 계승되어, 소설의 주인
공 또한 행복을 이룩하는 것이 당연하다고 여긴다. 그 점은 서

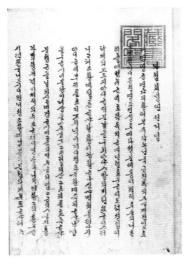

「완월회맹연」

로 상반된 결과를 가져올 수 있다. 행복한 결말이 예정되어 있어 작품 전개가 안이해지기도 하고, 비극을 넘어서는 데까지 나아가야 하므로 투지가 더욱 고조되기도 한다. 그 어느 쪽인가는 작품에 따라서 다르다.

한국의 고전소설은 시련과 이합의 과정을 거쳐 남녀의 사랑이 원만한 결말에 이르는 것을 특징으로 삼는다. 등장인물이 많고 사건이 복잡하게 얽혀 대장편이 된 것도 적지 않다. 『완월회맹연(玩月會盟宴)』은 180책이나 되고 오늘날 단행본으로 12권에 이르러 중국이나 일본의 최장편보다 훨씬 길다. 남녀이합 장편소설이 거의 다 작자를 알 수 없는데, 여성 독자가 애독하면서 작자에는 관심을 가지지 않고 필사하면서 수정하기도 하는 재량권을 행사했기 때문이다.

그래서 한국 고전소설은 여성소설이고 독자소설인 것을 특징으로 한다고 규정할 수 있다. 이것은 같은 시기 일본소설은 남성을 주된 독자로 하고 출판업자의 요구에 따라 창작되어 남성소설이고 출판인소설이라고 할 수 있는 것과 아주 다르다. 중국소설은 남녀가 관심을 가질 사연을 뜻한 바 있는 작자가 가명으로 펼쳐 보인 것이 특징이어서 남녀소설이고 작가소설이라고 할 수 있다.

한국 고전소설의 전통은 의식하지 않는 가운데 두 가지로 이어진다. 등장인물이 많고 사건이 복잡하게 얽혀 대장편을 이루는 방식이 이어져 박경리(朴景利)의『토지(土地)』같은 거작을 산출했다. 남녀이합이 시련을 넘어서서 행복한 결말에 이르는 전개 방식이 방송에서 되풀이된다. 양쪽 다 여성의 마음을 사로잡으면서 여성소설의 전례를 따른다.

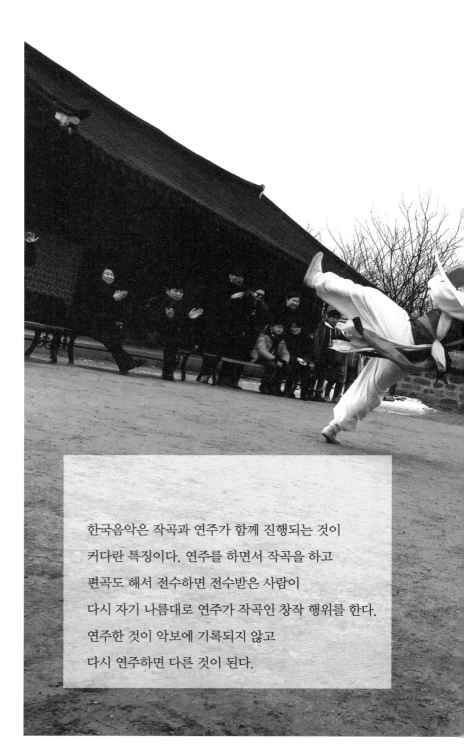

한국음악은 작곡과 연주가 함께 진행되는 것이
커다란 특징이다. 연주를 하면서 작곡을 하고
편곡도 해서 전수하면 전수받은 사람이
다시 자기 나름대로 연주가 작곡인 창작 행위를 한다.
연주한 것이 악보에 기록되지 않고
다시 연주하면 다른 것이 된다.

즉흥 창조를
자랑하는 음악

● 즉흥 창조를 자랑하는 음악

　음악은 갈래가 다양하다. 농악, 민요, 무악, 범패, 산조, 잡가, 판소리, 시조, 가곡, 아악 등이 있다. 분류는 유동적이어서 줄일 수도 있고, 늘일 수도 있다. 이것들은 생긴 유래, 연주자와 연주방식이 각기 달라 공통점이 없다고 할 수 있다. 그러면서 한국음악의 특성이라고 할 것을 공통적으로 지녔다.

　농악은 풍물이라고도 하는 농민의 타악기 연주이고 춤을 추면서 행진하는 동작이 따른다. 농악을 간소하게 다듬어 앉아서 연주하는 사물놀이가 오늘날 큰 인기를 모은다. 민요는 노동을 하면서 부르던 것들이 아직 남아 있고, 흥을 돋우기 위해서 부르기도 한다. 무악은 무속의 음악이고, 범패는 불교의 음악이다. 잡가, 판소리, 시조, 가곡은 전문화된 성악이며, 각기 특색이 분명하다. 이 가운데 판소리가 가장 널리 적극적으로 환영을 받았다. 산조는 가야금, 거문고, 해금, 대금 여러 악기의 독주이다. 아악은 궁중에서 연주하는 장중하고 품격 높은

신윤복, 〈상춘야흥(賞春野興)〉

음악이다.

이 모든 음악에서 작곡과 연주가 함께 진행되는 것이 커다란 특징이다. 연주를 하면서 작곡을 하고 편곡도 해서 전수하면 전수받은 사람이 다시 자기 나름대로 연주가 작곡인 창작행위를 한다. 그러면서 전통이 유지되고 재창조되고, 같으면서도 다른 파생곡이나 변주곡이 많이 생겨난다. 판소리광대는 스승에게서 전수받은 소리에다 자기의 창작을 보태 만든 '더늠'이라는 독자적인 자산을 자랑한다.

▲판소리 발림(출처 : 문화재청)　　▶거문고 산조(출처 : 문화재청)

　　연주가 작곡이고, 즉흥 연주가 통상적인 창조 행위이다. 산조를 하는 여러 악기 연주자들이 시나위라는 이름의 합주를 할 때에는 각기 자기 나름대로 즉흥연주를 한다. 연주한 것이 악보에 기록되지 않고 다시 연주하면 다른 것이 된다. 자료 보존과 연구를 위해 채보를 하려고 하면 많은 어려움이 있다. 아무리 잘 해도 생명이 없는 시체를 그려놓은 것에 지나지 않는다.

　　공통된 특징을 더 찾고자 하면, 먼저 농현(弄絃)을 주목할 만하다. 농현이란 가야금이나 거문고 같은 현악기를 연주하면서 음을 흔드는 것을 말한다. 다른 여러 음악, 성악에서도 같은 기법을 사용한다. 긴장했다가 이완하는 것이 또 하나의 특징이다. 좀 더 세분해 말하면, 밀고, 당기고, 맺고, 풀면서 연주를 진행하면서 청중을 사로잡는다.

이 모든 특징이 신명풀이를 마음껏 해서 듣는 사람이 동참하게 하자는 것이다. 작곡과 연주가 함께 이루어지는 즉흥적인 창조를 듣는 사람도 함께 하도록 해서 신명풀이를 확대한다. 전통음악이 아닌 오늘날의 가요 공연에서도 이런 전통이 이어져, 온 세계에서 한류 바람을 일으킨다.

농악을 단순화해 앉아서 연주하는 방식으로 바꾼 사물놀이가 지금 큰 인기를 모으고 있다. 전통음악을 새롭게 창작한 신국악도 지지 기반을 넓히고 있다. 일본의 유행가나 서양의 팝송을 받아들인 대중음악도 한국인의 기질에 맞게 신명풀이를 할 수 있게 재창조되어 열광적인 환영을 받고, 밖으로 나가 한류(韓流)를 일으킨다. 서양 전래의 고전음악이나 현대음악에서는 아직 창조의 재능을 발휘하지 못하고 있다.

웃음을 나타내는 것이 한국미술의 특징이다.
그 연원을 이른 시기의 토우(土偶)에서부터
찾을 수 있다. 한국의 불상은 부분은
엉성한 듯하지만 전체적인 조화가
자연스럽게 이루어진 가운데
웃음을 머금은 얼굴이 돋보인다.

웃음과 함께하는
미술

신윤복, 〈단오풍정〉 부분(간송미술관 소장)

● 웃음과 함께하는 미술

웃음을 나타내는 것이 한국미술의 특징이다. 그 연원을 이른 시기의 토우(土偶)에서부터 찾을 수 있다. 무덤에 넣는 부장품으로 쓰자고 사람의 모습을 축소하여 토우를 만들면서, 흥미롭게 과장한 것들이 있어 웃음을 자아낸다. 제작자는 웃기려고 하지 않았겠지만, 치졸하고 천진스러운 솜씨로 빚어놓은 모습에서 고대인이 웃고 살던 생활을 엿볼 수 있다. 제작 의도 자체가 웃음을 나타내고자 하였던 조형물은 그보다 뒤에 이루어졌으리라고 생각된다.

통일신라 때의 얼굴모양수막새라고 하는, 기와막새에 새겨져 있는 사람 얼굴은 그런 예라고 할 수 있다. 막새 장인이 도깨비기와 같은 것을 만들던 규범에서 벗어나, 흥미로운 표현을 시도하다가 맑고 따뜻한 웃음을 남겼을 듯하다. 웃음을 머금고 있는 모습의 본격적인 조각 작품은 삼국시대 불상에서 흔하게 볼 수 있다.

고구려 불상인 연가칠년명(延嘉七年銘) 금동삼존불(金銅三尊佛)은 서투르고 소박한 미소를 짓고 있다. 백제의 불상 중에는 서산(瑞山) 마애삼존불(磨崖三尊佛)이 사심 없이 활짝 웃는 모습을 하고 있어, 백제 사람들의 맑고 다정한 마음씨를 알려 주는 것 같다. 신라의 경우에는 남아 있는 불상이 많아 웃음의 모습이 다채롭다.

석굴암(石窟庵) 본존불(本尊佛)은 원만하고 은근한 미소로 깨달은 경지를 나타내 우러러보아야 한다면, 삼화령(三花嶺) 미륵삼존불(彌勒三尊佛)은 아기와 같은 표정의 천진스러운 웃음을 그득히 보이고 있어 친근하게 느껴진다. 미륵반가상의 웃음은 이 세상의 모든 고뇌를 넘어서려고 하면서도 따르지 못하는 중생을 생각하는 미묘한 표정을 아주 잘 나타내고 있다.

앞에서 말한 깨달음의 웃음과 긴밀한 관련을 가지고, 한국의 불상은 웃음을 특히 두드러지게 나타낸다. 인도의 불상은 사실적 기법이 돋보이고, 타이를 비롯한 남방의 불상은 위엄 있는 자세를 갖추고, 중국의 불상은 크고 우람한 모습을 자랑하고, 일본에서는 불상의 옷 주름 같은 것을 정교하게 새기는 솜씨를 발전시켰다. 이 둘과 거리를 두고, 한국의 불상은 소탈하고 다정스러운 모습을 보여 주는 것이 특징이다. 부분은 엉성한 듯하지만 전체적인 조화가 자연스럽게 이루어진 가운데 웃음을 머금은 얼굴이 돋보인다.

불교의 예배용 그림인 탱화(幀畵)는 다채로운 색채를 사용하

◀얼굴무늬 수막새
▼서산 마애삼존불

출처 : 문화재청

면서 불보살의 모습을 우아하게 그리는 것이 예사이다. 고려 시대 것들은 선이 부드럽고 색채가 절묘해 특히 높이 평가된 까닭에 일본으로 많이 유출되었다. 후대로 오면 고전적인 규범에서 이탈해 일상생활의 모습을 웃음이 나게 보여주는 것들도 있다. 지옥도에서는 온갖 상상을 동원해서 기이한 광경을 나타낸다.

무속을 비롯한 민간신앙은 무섭고 위엄 있는 신령을 내세워 재앙을 물리치려 하는데, 그렇게 보이라고 만들어놓은 모습이 웃음을 자아낸다. 제주도의 돌하르방이나 다른 지방의 벅수·장승 등은 무서운 얼굴이 아닌 무섭게 보이려는 얼굴을 하고 있다. 잔뜩 성낸 눈이나 입이 균형을 잃고 있어 마음씨 너그러운 이웃 할아버지가 일부러 겁을 주려는 것처럼 보인다.

무신도는 불교의 탱화를 본떠서 그렸는데, 기법이 치졸하고 정신적 깊이가 모자라 신의 모습을 비속하게 만들었다. 이런 것들은 모두 보는 이를 웃기자고 만들고 그리지는 않았지만, 일반 민중의 일상생활에서 저절로 생기는 웃음을 자연스럽게 나타내는 구실을 한다.

민화도 이와 비슷하다. 민화는 십장생 같은 도교적인 상징물, 책거리 따위의 유교적인 취향의 장식물을 등장시켜 부귀, 길상 등을 기원하는데, 그린 기법이 치졸하여 흥미롭다. 제대로 된 회화작품과 견주어보면 결점 투성이지만, 그런데 개의하지 않고 순진하고 낙천적인 태도로 그린 자취가 친근하게 느껴지고 웃음을 자아낸다.

실제와는 다르게 보이지 않는 것까지 보태고 마구 일그러뜨리고, 엉뚱하게 가져다 붙여 어린아이 같은 장난을 하는 데 거리낌이 없다. 호랑이를 즐겨 그리면서 모습을 재미있게 단순화하고, 담배를 피우게 하고, 까치와 수작을 나누게 한다. 그런 기법이 도자기그림에 전용되어 용의 모습을 만화 같은 기법으로 일그러뜨린 것도 있다.

민화와 함께 조선후기에 성행한 풍속화는 세상의 움직임을 실제로 볼 수 있는 범위 안에서 그렸다. 엉뚱한 과장이나 변형은 하지 않았으나, 사회적 규범의 이면에 가려져 있던 진실을 드러내는 점이 흥미롭다. 김홍도(金弘道)는 부지런히 타작을 하는 일꾼들 옆에서 장죽을 물고 비스듬히 누운 양반의 거동을 밉살스럽게 그렸다.

신윤복(申潤福)의 풍속화에는 남녀관계를 다룬 것이 흔하며, 묘한 장면을 감칠맛 있게 잡아 미소 짓게 한다. 동승 둘이서 냇가에서 몸을 씻는 아낙네들을 훔쳐보는 것이 그중에서도 걸작이다. 이런 그림은 상하·남녀의 분별을 강조하는 윤리를 풍자하는 의미를 지닌다. 그 점에서 같은 시대에 나온 여러 갈래의 문학작품과 상통한다.

김준근(金俊根)이 남긴 수많은 기산풍속도첩(箕山風俗圖帖)에는 갖가지 인물의 일상생활을 아무렇게나 그려놓아 친근감을 준다. 무엇이든 동심(童心)을 가지고 살펴 세련되지 않고 치

신윤복, 〈단오풍정〉(간송미술관 소장)

졸하다고까지 할 수 있는 기법으로 오늘날 만화를 그리듯이 그려 웃음을 자아낸다. 구매자가 몰려들어 닥치는 대로 그린 것들이 외국에까지 널리 흩어져 있다.

　오늘날에는 전통회화를 이은 한국화와 외래의 서양화가 양립되어 있으면서 둘 다 혁신을 시도한다. 이상범(李象範)은 한국화의 새로운 경지를 열었다고 평가된다. 한국화를 배워 화조화(花鳥畵)나 산수화(山水畵)를 그리는 비전문가도 많다. 민화는 그리기 쉽고 재미가 있어서 인기가 대단하다.

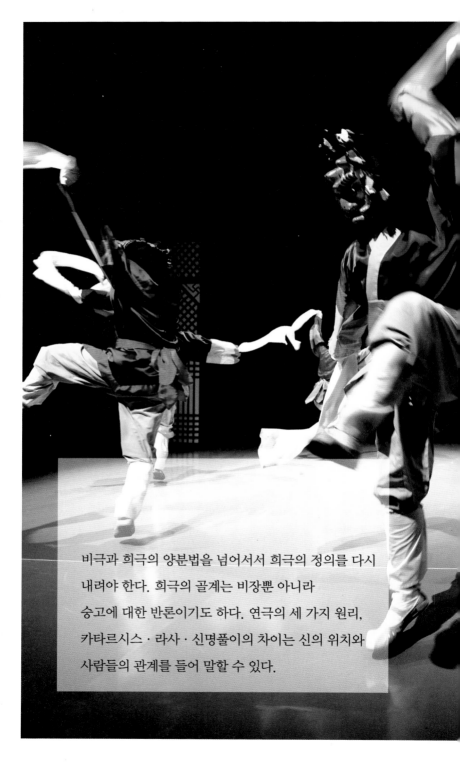

비극과 희극의 양분법을 넘어서서 희극의 정의를 다시
내려야 한다. 희극의 골계는 비장뿐 아니라
숭고에 대한 반론이기도 하다. 연극의 세 가지 원리,
카타르시스 · 라사 · 신명풀이의 차이는 신의 위치와
사람들의 관계를 들어 말할 수 있다.

연극으로 하는
신명풀이

봉산탈춤(출처 : 안산국제거리극축제 모바일홈페이지)

● 연극으로 하는 신명풀이

　연극의 갈래는 미적 범주를 기준으로 구분하는 것이 관례이다. 비극은 비장을, 희극은 골계를 보여주는 연극이다. 연극을 이 둘로 양분하고, 품격에서 비극이 높고 희극은 낮다고 하는 견해가 널리 유포되어 있다. 고대 그리스연극이 지닌 이런 특징을 17세기 이후 유럽에서 이으면서 연극 일반론을 마련하는 논거로 삼았기 때문이다.

　그러나 비극과 희극 양분론은 보편적인 것은 아니다. 여러 미적 범주를 함께 지닌 연극도 흔히 있다. 중세 인도의 산스크리트극은 숭고를 기본으로 하고 비장·골계·우아도 함께 지닌 연극의 좋은 본보기로 잘 알려져 있다. 인도네시아의 그림자극, 원대(元代)의 잡극(雜劇)에서 오늘날의 경극(京劇)에 이르는 중국 연극 또한 대체로 같은 특징을 지닌다.

　비장이나 숭고를 내세우는 연극은 '있어야 할 것'을 추구한다. 이와는 반대로 '있어야 할 것'을 거부하고 '있는 것'을 궁정하는 연극이 적지 않다. 우아만 가지고는 부족하므로 골계를 적극 활용해 반론의 강도를 높인다. 이런 연극을 희극이라고 일컫는 것은 타당하지만, 비극과 희극의 양분법을 넘어서서 희극의 정의를 다시 내려야 한다. 희극의 골계가 비장에 대한 반론이기만 하지 않고 숭고에 대한 반론이기도 하다는 점을 분명하게 해야 한다.

고대 그리스의 비극은 아리스토텔레스가 말한 '카타르시스(catharsis)'를 구현한다고 한다. 중세 인도의 숭고극의 원리인 '라사(rasa)'에 대해서는 한층 심오한 해명이 이루어져 있다. 한국의 탈춤과 같은 연극에는 이 둘과 대비될 수 있는 원리인 '신명풀이'라고 일컫는 것이 마땅하다. 새롭게 등장한 개념이 다른 둘과 대등한 수준의 연구를 갖추도록 하려면 각별한 노력이 필요하다. 비교고찰의 방법으로 셋의 관계를 밝히는 이론 정립을 목표로 한다면 격차를 쉽게 줄이고 앞서 나갈 수 있다.

카타르시스·라사·신명풀이는 어떻게 다른지 밝히는 비교고찰을 두 가지 의문에 대한 해답을 들어 할 수 있다. 신(神)이 사람 밖에 있는가 아니면 사람 안에 있는가? 사람들 사이의 관계는 상극(相克)인가 상생(相生)인가? 카타르시스연극에서는 신이 밖에만 있어 사람들은 상극의 관계를 가지기만 한다. 라사연극에서는 밖에 있는 신이 안에도 있다는 것을 깨달아 사람들 사이에서 상생이 이루어진다. 신명풀이 연극에서는 안에 있는 신이 발현되면서 사람들은 상극이 상생이고 상생이 상극인 생극(生克)의 관계를 가진다.

신명풀이 연극은 오랜 유래가 있다. 우리 민족은 노래 부르고 춤추기를 즐긴다고 중국 역대 역사서에서 거듭 기록했다. 원효(元曉)는 광대에게 배운 바가지탈춤을 추면서 천촌만락(千村萬落)을 돌아다니면서 놀이를 깨달음의 길로 삼았다. 풍물을 치고, 탈춤을 추며 노는 기층문화의 전통이 한문문명을 높은 수준으로 이룩하고 유교도덕의 규제가 광범위하게 자리 잡은 조건에서도 면면하게 이어져왔다.

풍물패를 앞세우고 마을 사람들이 사방 돌아다니면서 함께 노는 행사가 탈춤의 기원이고 바탕이다. 놀이패가 한 곳에 자리를 잡아 길놀이가 마당놀이로 바뀌고, 누구든지 참여하는 앞놀이를 한참 하다가 탈꾼들이 특별한 배역을 맡는 탈놀이로 넘어간다. 탈놀이의 등장인물 노장과 먹중, 양반과 말뚝이, 영감과 할미로 나타난 억압자와 피해자는 적대적인 관계에서 다투면서 우호적인 관계를 확인하는 화합에 이를 수 있다. 관념적 허위, 신분적 특권, 남성의 횡포라고 일컬을 수 있는 세 가지 잘못을 비판하고 삶의 현실을 함께 긍정하는 대등한 인간관계를 회복하는 운동을 등장인물과 관중이 함께 진행한다. 탈놀이가 끝나면 모두 함께 어울려 춤을 추는 뒷놀이가 시작된다.

진행의 요체는 싸움이 화해이고 화해가 싸움임을 확인하는 것이다. 앞놀이에서 탈놀이로 넘어가면서 화해가 싸움이라고

봉산탈춤
(출처 : 봉산탈춤보존회)

하고, 탈놀이가 끝나고 뒷놀이가 시작되면서 싸움이 화해라고 한다. 탈놀이가 진행되는 동안에도 적대적인 관계를 보여주는 연기대목과 모두 어울려 함께 즐거워하는 춤대목이 교체되어 싸움이 화해이고 화해가 싸움이다. 연기대목에서도 억압자가 거는 싸움을 피해자가 되받아 화해를 만들어낸다. 억압자는 무엇이 어떻게 돌아가는지 몰라 패배하지 않을 수 없고, 피해자는 관중의 지지를 받아 승리를 구가한다.

화해에서 싸움으로 넘어갈 때 긴장하다가 싸움이 화해로 바뀌자 웃음이 터진다. 긴장하면서 싸울 때에는 등장인물과 관중, 등장인물과 등장인물이 둘이 되다가 웃으면서 화해할 때에는 등장인물과 관중, 등장인물과 등장인물이 하나가 된다. 탈춤에 참여하는 것 자체가 억눌려 있던 신명을 살려내는 신명풀이다. 싸움이 화해가 되고, 둘이 하나가 될 때 신명풀이가 더욱 고조된다. 뒷놀이에서 가장 큰 해방감을 누린다.

신명풀이의 웃음은 오늘날 세 가지로 계승된다. 신극 공연에서 희극이 환영받고, 창작극 가운데 볼만한 것은 풍자극이다. 탈춤을 이어받아 마당극을 만들어내고, 마당극을 사회운동의 방법으로 삼는다. 연극의 범위를 넘어서서 문화의 특성으로 지속되고 창조력의 원천 노릇을 하는 것을 더욱 주목하고 평가해야 한다. 이 모든 현상을 함께 파악하기 위해서 포괄적인 이론이 필요하다. 전통으로 인식하는 데 그치지 않고 이어받는 방향과 방법에 대해서도 탐구해야 한다.

각자의 자발성과 주체성에서 창조가 발현된다는 것을 신명풀이가 일깨워준다. 각자의 창조가 서로 만나 싸우고 모아져서, 대립이 조화이고 조화가 대립이며, 싸움이 화해이고 화해가 싸움임을 구현하는 것 자체가 창조이다. 예술창조, 철학사상, 사회조직, 생산활동 등의 여러 영역에서 그런 원리를 구현해야 한다. 그런 원리는 그 모든 영역에서 서로 같으면서 서로 다르다. 서로 같으므로 함께 논해야 하고, 서로 다르므로 분야에 따라서 각기 다르게 처리해야 한다.

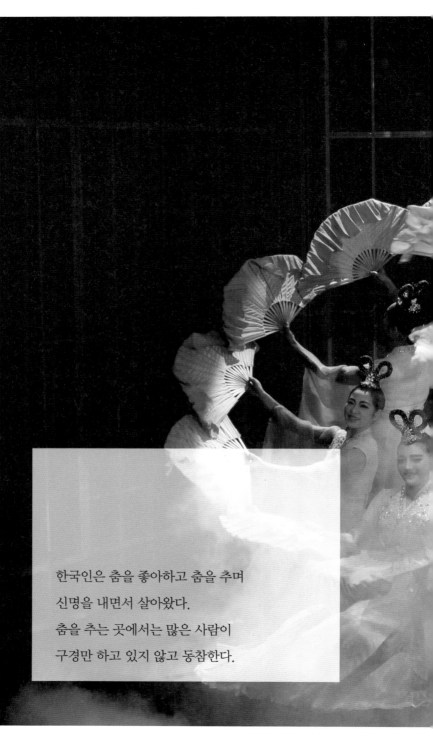

한국인은 춤을 좋아하고 춤을 추며
신명을 내면서 살아왔다.
춤을 추는 곳에서는 많은 사람이
구경만 하고 있지 않고 동참한다.

출처 : https://pixabay.com

● 우아하고 흥겨운 춤사위

이른 시기 한국인은 국중대회(國中大會)라는 큰 행사를 하면서 "날마다 술을 마시고 노래 부르고 춤춘다(連日飮食歌舞)"고 중국의 옛 문헌에 기록되어 있다. 노래도 부르지만 춤이 행사의 기본을 이루었다. 고구려의 춤은 고분 벽화에 추는 모습이 그려져 있으며 중국에 여럿 전해져 환영받았다.

그 뒤 줄곧 한국인은 춤을 좋아하고 춤을 추며 신명을 내면서 살아왔다. 궁중이나 사찰의 행사를 춤으로 진행했다. 농악(農樂)을 할 때 춤을 추면서 악기를 연주한다. 무당굿도 춤으로 이루어졌다. 탈춤도 이어서 춤을 추면서 공연한다. 춤을 추는 곳에서는 많은 사람이 구경만 하고 있지 않고 동참한다. 오늘날 유원지에서는 물론 달리는 버스 안에서도 서로 어울려 춤을 추는 사람들을 흔히 볼 수 있다.

춤의 종류를 나누면, 궁중춤, 불교춤, 무속춤, 민속춤이 있다. 이 가운데 궁중춤과 민속춤이 대조적인 특징을 지니고 다

른 것들은 중간이 되
는 특징을 지녔다. 궁
중춤은 전문인이 추었
다. 격식화되어 있고
장단이 느리다. 복잡
한 무대장치와 찬란한
의상이 있다. 민속춤
은 전문인도 출 수 있
고 일반인도 누구든지
출 수 있다. 자유롭게
추고 장단이 빠르다.
기본이 되는 장단이
나 가락은 있으나, 세

살풀이춤(출처 : 문화재청)

부적으로는 개인의 창의성을 자유자재로 구사할 수 있다. 적
당한 넓이를 가진 장소가 있으면 어디서나 출 수 있다. 의상은
단순하다.

　궁중춤은 정재(呈才)를 하면서 추었다. '정재'란 재주를 보인
다는 말인데, 궁중에서 잔치를 할 때 화려한 장식을 하고 여러
사람이 일정한 순서에 따라 함께 춤을 추는 종합적인 춤 공연
을 지칭하는 데 사용했다. 정재를 공연하는 주역은 기녀(妓女)
였다. 정재에는 중국 전래의 음악에 따라 공연하는 당악정재
(唐樂呈才)와 한국음악을 연주하면서 공연하는 향악정재(鄕樂

모才)가 있었다.

고려 시대에는 헌선도(獻仙桃), 수연장(壽延長) 등 신선의 세계를 동경하는 내용의 당악정재를, 조선 초기에는 몽금척(夢金尺), 수보록(受寶錄) 등 왕조 창건의 위업을 말하는 내용의 당악정재를 공연해 국왕의 장수를 축원하고, 궁중의 잔치를 흥겹게 했다. 향악정재는 고려 시대에는 무고(舞鼓), 동동(動動) 등이, 조선시대에는 보태평(保太平), 정대업(定大業) 같은 것들이 있었다. 조선후기에는 새로운 향악정재가 여럿 창작되었으며, 당악정재와의 경계가 모호해졌다.

신라 이래의 전통을 가지고 고려에서 조선으로 전해진 처용무(處容舞)도 향악정재의 하나이고, '학연화대처용무합설(鶴蓮花臺處容舞合設)'이라는 이름으로 학과 연화를 장식한 무대에서 오방(五方)을 나타내는 다섯 처용이 탈을 쓰고 나와서 춘다. 동작이 큰 남성춤인 것이 예외이지만, 격식화되어 있고 장단이 느린 정재의 특징을 그대로 지녔다. 오늘날까지 전승되어 유네스코 무형문화 유산으로 지정되었다.

궁중의 정재와 같은 것을 지방관아에서도 공연했다. 정재를 공연하는 기녀들이 익힌 재주를 민간에서도 선보여 널리 전파되는 계기를 만들었다. 조선왕조가 망하고 일제의 식민지 통치가 시작된 시기에는 기녀들이 권번(券番)에 소속되어 정재를 배우고 공연했다. 일반인을 구경꾼으로 삼아 궁중춤이었던 것을 민간으로 가져왔다. 그 과정에서 민속춤과의 혼합이 일

부채춤

어나고, 둘을 구별하기 어렵게 되었다. 이런 내력을 가진 전통
춤을 무용가 최승희(崔承姬)가 현대화해서 새로운 가치를 지니
게 했으며, 많은 후계자가 그 뒤를 이었다. 화려하게 공연되는
부채춤, 빠른 동작의 북춤이 자주 등장하는 종목이 되면서 민
속춤의 빠른 장단이 애용된다.

　기녀춤과 대조를 이루는 남성춤은 한량춤을 대표적인 갈래
로 삼는다. 한량춤은 정재와 무관한 순수한 민속춤이다. 원래
한량들이 추던 춤이라고 해서 한량춤이라고 한다. 한량이란
관직에 나아가지 않고 풍류를 즐기면서 노는 양반을 말한다.
춤을 추는 것이 풍류의 하나여서 독특한 춤이 생겨났다. 소매

승무(출처 : 문화재청)

긴 도포를 입고, 갓을 쓰고, 부채를 들고 남성다운 거동으로 추는 춤이 한량춤이다.

우아한 곡선을 그리면서 신명 나는 동작을 하는 것은 한국 춤의 공통적인 특질이다. 그러면서 여성이 기녀춤에서 유래한 춤을 출 때에는 신명을 안으로 끌어당겨 드러날 듯 말 듯 감칠 맛 나게 한다. 남성의 한량춤에서는 큰 동작으로 신명이 크게 휘감기게 한다. 남녀가 함께 추는 춤은 없는 것이 한국 춤의 특징이다.

6

대중문화

한류는 한국 민중이 인류 공통의 요구인

신명풀이를 손상되지 않게

보존한 것을 원천으로 삼는다.

한국인의 신명풀이가 세계인의 신명풀이가 되었다.

세계로 흘러가는
한류

● 세계로 흘러가는 한류

　한국의 대중문화는 1990년대부터 외국으로 진출하기 시작했다. 중국에서 먼저 그 충격을 감지하고, '한류(韓流)'라는 이름을 1999년에 만들어냈다. 이 말을 한국에서 받아들여 널리 사용하고, 'Korean wave'라고 번역해 밖에 알렸다. 한류는 "한국의 물결" 또는 "한국의 흐름"이라는 말이다. 한국의 대중문화가 물결을 이루어 세계 도처로 나가 널리 사랑을 받는 것이 한류이다.

　근대 이전 한국의 대외적인 문화교류는 주로 중국에서 고급문화를 받아들여 재창조하고 일본으로 전하는 방식으로 이루어졌다. 이런 교류마저 오늘날처럼 활발하지는 않고, 대중문화는 거의 포함되어 있지 않았다. 근대에 이르러 수입선이 서구로 교체되고, 전달 매체가 발달하면서 대중문화 교류가 본격적으로 이루어졌다.

　공연물의 세계적 교류가 이루어진 내력을 대강 살펴보자.

첫 단계에서는 유럽 문명권의 세계 제패와 함께 그곳의 공연
예술이 세계 각지에 널리 이식되었다. 이것을 '구류(歐流)'라고
할 수 있다. 구류는 고대 그리스에서 물려받은 카타르시스(ca-
tharsis)가 공연예술의 최고 원리라고 하면서, 다른 모든 지역
의 전통예술을 밀어내고 위축시키는 위세를 떨쳤다. 이에 대
해 아프리카에서 유래한 대중공연물이 반격을 했다. 미주 대
륙으로 강제 이주된 흑인 노예들이, 고급예술이 따로 있지 않
아 온전하게 남아 있는 아프리카의 전통적인 신명풀이 공연을
시대변화에 맞게 재창조해 전파 매체를 이용해 세계에 널리
퍼뜨린 것이 둘째 단계의 대변화이다. 이것은 '흑류(黑流)'라고
할 수 있다.

그 뒤를 이은 세 번째로 나타난 커다란 흐름이 바로 한류이
다. 한류는 한국 민중이 인류 공통의 요구인 신명풀이를 손상
되지 않게 보존한 것을 원천으로 삼는다. 재능과 열정을 자랑
하는 오늘날의 연예인들이 밖에서 밀어닥친 구류와 흑류를 수
용하고, 전통문화를 새로운 취향에 맞게 변용시켜 한류를 만
들어냈다. 한국인의 신명풀이가 세계인의 신명풀이이게 했다.

한류는 문화 수입국 한국을 수출국으로 바꾸었다. 이것은
한국사의 획기적인 전환이며, 세계사에도 기록할 만한 사건이
다. 한류가 일어나자 한국은 역사상 문화가 가장 융성한 시기
를 맞게 되었다. 문화의 생산자이고 발신자가 된 역량이 산업
에도 활용된다. 경제원조의 수혜국이 시혜국으로 바뀐 것은

한국이 첫 번째라고 하는데, 문화에서 일어난 변화는 훨씬 더 크다.

한류의 내적 동인은 한국 공연예술의 원리인 신명풀이에서 찾을 수 있다. 탈춤이나 판소리 등의 옛적 공연예술에서는 공연자와 관중이 신명을 함께 풀었다. 그런 전통을 이어받아, 오늘날의 한류 가요 공연에서 내외국인 관객이 공연자와 하나가 되는 공간의 확대가 이루어졌다. 드라마와 영화에서는 등장인물들끼리의 관계가 작품과 수용자 사이의 관계로 전이되어 신명풀이가 이루어진다. 드라마를 제작하면서 시청자들의 요구를 받아들여 내용을 바꾸는 것도 신명풀이의 한 형태이다. 한국인은 주인 노릇을 하면서 참여하는 공연이라야 좋아해, 피동적이기만 한 관객과는 다르다.

한류의 외적 동인은 지금이 바로 유럽 문명권의 일방적인 지배를 벗어나는 새로운 문화를 갈망하는 시기라는 점이다. '구류'를 저질화하고 '흑류'마저 상업주의에 이용하면서, 할리우드 영화를 앞세워 세계를 공략하는 미국 공연문화의 패권자랑에 대해 세계인이 반발하고 있다. 중국이 개방하고 인도가 부상하면서 세계의 판도가 달라져, 문화에서도 새로운 패러다임이 요구되었다. 이러한 외적 동인에 한류가 부응해 대안을 제시하고 있다

중국은 시장경제를 도입했지만 서방 자본주의 문화에 직접적으로 노출되는 충격을 경계하고, 개방의 욕구를 접근하기

출처 : https://pixabay.com

쉬운 방식으로 분출하는 한국의 공연문화를 대안으로 삼는다. 일본에서는 위계질서에 맞게 정형화된 문화의 경직성에서 벗어나고자 하는 탈출구를 한류에서 찾는다. 한문문명권의 중간부인 한국은 중국에게 눌리고 일본의 지배를 받던 시대를 지나 이제 신명풀이 공연예술 활성화로 민주정신 실행의 본보기를 보이면서 새로운 시대 창조를 선도한다.

한류는 일시적인 유행으로 끝나지 않고 장기적인 문화 현상이 되었다. 한류에 대한 광범위한 고찰을 학문의 과제로 삼아야 한다. 한류는 유럽 문명권의 지배가 세계사의 결론이 아님을 입증하고 인류 역사가 다시 시작되는 것을 알리는 의의가 있음을 밝혀야 한다.

동시제작되는 한국의 드라마는 광범위한 시청자들과
소통해 공감을 키운다. 등장인물의 대화와
몸짓 하나에도 섬세하게 인간 정신이 배어 있는
드라마는 시청자의 눈높이를 맞춘다.

누구나 매혹시키는
드라마

● 누구나 매혹시키는 드라마

방송극을 드라마라고 하는 말이 정착되어 그대로 사용하기로 한다. 한국 드라마가 중국과 일본에서 인기를 끌면서 한류가 시작되었다. 한중 수교가 대중문화 교류의 결정적인 계기가 되었다. 1992년의 한중 수교 직후 1993년에 중국에서 〈질투〉라는 드라마가 처음 방영되었다. 1997년에 〈사랑이 뭐길래〉가 건너가면서 본격적으로 한국 드라마가 인기를 끌기 시작했다. 일본과의 대중문화 교류는 수입초과를 염려해 한국에서 막고 있다가 마지못해 허용했는데, 이변이 일어났다. 〈겨울연가〉가 일본에서 폭발적 인기를 끌어 두 나라의 문화관계를 역전시켰다.

2005년에 〈대장금〉이 방영되면서 한국 드라마의 인기는 절정에 이르렀다. 〈대장금〉(大長今)은 조선시대 의녀(醫女) 장금이 음식을 하는 궁녀에서 왕의 주치의인 어의(御醫)가 되기까지 수많은 고난과 갈등을 겪고 성공에 이르는 과정을 그린 대하드라마이다. 조선조에는 극히 드물었던 전문직 여성이 수많은 고난을 겪고 일과 사랑에서 성공하는 이야기여서 더 많은 관심을 끌었다. 드라마의 잇단 성공은 특히 중국이나 일본과의 관계에 많은 변화를 가져왔다. 한국이 중국에 대해 문화 선진국의 위상을 갖게 되었다. 일본인들이 한국 드라마를 선호하면서 양국민 간에는 정치적인 갈등을 넘어 우호적 감정이 조성되었다.

중국이나 일본의 범위를 넘어서서 몽골, 베트남을 비롯한 아시아 각국에서 한국 드라마가 방영되었다. 아시아를 넘어 전 세계에서 한국 드라마의 시청은 익숙한 현상이 되었다. 중국의 외국 드라마 방영 제한 등 저항도 있지만 수출 국가수가 확대되고, 인터넷 방송이나 개인 SNS 등 동영상 사이트를 통한 새로운 접근 방식이 가능해지면서 한국 드라마의 인기는 날로 높아지고 더 많은 나라로 확산되고 있다.

한국 드라마의 특징을 일본인의 반응에서 확인해보자. 그림을 즐기고, 정지된 상태의 사물을 간략하게 묘사하는 와카(和歌)를 즐기는 일본인들은 정지된 화면으로 감미로운 정서를 조성하는 일본의 방송극을 보다가, 역동적이고 발랄하게 전개되는 한국의 방송극을 만나 충격을 받는다. 부부싸움도 논리적이고 역동적으로 하는 한국 사람들이 놀랍다고 한다.

한국 드라마는 역동적이지만 극단적이지는 않다. 이런 원리를 밝혀 논하려면 비교고찰이 필요하다. 유럽 문명권의 공연예술이 근거로 삼는 카타르시스는 싸워서 결판을 내는 상극(相克)을 보여주고, 인도의 고전극에서 추구하는 라사(rasa)는 화해를 소중하게 여겨 상생(相生)을 이룩한다. 한국 민속극의 특징을 잘 보여주는 신명풀이는 이 둘과는 다른 제3의 원리여서 상극이 상생이고 상생이 상극이다. 이런 전통을 이어 한국의 드라마는 카타르시스 연극에서처럼 심각하게 싸우다가 라사와 상통하는 화해에 이른다.

카타르시스를 구현하는 서양 연극이나 영화는 적대적 싸움의 승패를 보여주며, 화해가 불가능한 양자의 대결이 치열하고 냉혹하다. 살인이나 폭력 등 엽기적인 내용이 많으며, 한쪽이 죽음이나 회복할 수 없는 패배를 맞는 결말에 이른다. 라사의 원리를 갖춘 공연물은 갈등이 격화되는 것을 피하고 화합의 가능성을 일찍부터 보여준다. 일제히 노래 부르고 춤을 추는 대목을 자주 넣고 느긋하게 진행해 관중이 마음 놓고 즐기게 한다.

한국 드라마는 우호적 인물들끼리의 적대 관계가 해소되어 화합에 이르기까지 갈등이 심각하고 치열하다. 남녀갈등의 경우 자녀가 스스로 선택한 배우자를 부모가 거부하는 것이 통상적인 설정이다. 부모는 품격을 중요시하고 자녀는 애정을 관철시키려고 해서 다툼이 파국에 이르는 듯이 보이다가 마침내 원만한 결말에 이른다. 자녀가 애정 성취를 위해 부모에게 항거하고 집을 뛰쳐나가는 것 같은 사태는 벌어지지 않는다. 부모가 복종하지 않는다고 자녀를 단죄하는 경우도 없다. 자녀는 부모를 성심껏 설득해 결혼을 승인하도록 하고, 부모는 자녀를 돌보는 위치에 있음을 확인하고 자녀의 배우자까지 순종하게 한다. 자녀의 결혼이 가족 전체의 화합과 유대 속에서 이루어진다. 부모와 자녀는 어느 한쪽이 승리하고 다른 쪽은 패배하지 않고, 쌍방이 한 걸음씩 물러나 둘 다 승리한다.

한국 드라마의 이런 내용이나 전개 방식은 두 가지 전통과 이어진다. 갈등이 화해이고 화해가 갈등인 것이 탈춤의 기본 원리인 신명풀이의 연속이다. 그러면서 화해가 갈등인 쪽보다 갈등이 화해인 쪽에 기울어져 있는 것을 고전소설에서 가져왔다. 한국의 고전소설은 여성 독자를 위한 여성소설인 것이 특징이다. 여성은 갈등보다 화해를 선호하고, 갈등이 화해를 위한 조건이기를 희망한다.

고전소설이 여성소설이듯이, 오늘날의 드라마도 대부분 여성용이다. 여성들의 일상생활을 미묘한 구성과 언어 구사로 펼쳐 보이면서 여성 시청자를 사로잡는 드라마가 대단한 인기를 얻는다. 김수현이 지은 〈사랑이 뭐길래〉를 비롯한 여러 작품이 그 가운데 으뜸이다. 남성 시청자는 커다란 갈등이 치열한 역사 이야기를 선호하는데, 조선왕조의 건국과정을 다룬 〈용의 눈물〉이 그 대표적인 예이다.

여성 취향의 드라마에서는 사회적인 활동이 경시되고, 남성의 관심을 끄는 것들은 집단의 권력을 지나치게 중요시한다. 양쪽의 편향성이 각기 폐단을 자아낸다고 여겨 시정하려는 노력이 나타났다, 그 본보기가 되는 〈모래시계〉는 '귀가시계'라고 불릴 정도로 대단한 인기를 얻었다. 〈모래시계〉는 80년대 민주화과정의 격동기를 살아가는 남녀 주인공 3인의 사랑과 삶의 역정을 그린 드라마이다. 자의든 타의든 사회갈등과 역사의 소용돌이에 휘말리게 되는 개인의 삶에 여성도 예외일 수 없었다. 여성 취향 또는 남녀 취향의 한국 드라마는 대부분 편안한 마음으로 볼 수 있는 사랑 이야기이다. 가족의 유대를 중요시하고 있어 가족이 함께 둘러앉아 함께 즐기기에 적합하다.

전개가 느리고 내용이 비슷비슷한 것이 한국 드라마의 문제점이라고 한다. 그러나 문제점이 단점은 아니다. 영화가 전개가 빠르고 각기 다른 내용을 다루는 데 힘쓰는 것과 다른 것이 당연하다. 영화는 화면에 몰입한 채 한자리에서 다 보지만, 드라마는 집에서 여러 가족을 의식하면서 함께 보므로 폭력이나 외설 같은 것은 배제되어 있다. 텔레비전 화면이 작아 몰입은 기대할 수 없다. 두고두고 즐기는 연속물이므로 너무 빠른 전개나 낯선 내용은 적절하지 않다. 몇 번 시청을 놓친 시청자도 내용을 쫓아갈 수 있어야 시청률이 낮아지지 않는다.

한국은 매주 몇십 개의 드라마가 방영되는 드라마 천국이다. 시간대와 요일별로 방영 드라마가 달라서 이리저리 채널을 돌리면 하루 종일 수많은 드라마를 시청할 수 있을 정도다. 드라마만 전문으로 방영하는 케이블TV도 있다. 이렇게 방영되는 드라마가 수준 높은 시청자가 평가하는 국내 경쟁을 거쳐서 검증을 받아, 대부분은 탈락하고 극소수가 특별히 선발되어 외국으로 진출하므로 대단한 경쟁력을 지닌다.

한국의 드라마는 대부분 제작하면서 방영하는 동시제작제를 택한다. 몇 회분만 일단 제작해 방영을 시작하고, 시청자의 반응을 보고 요구를 받아들여 제작을 계속하면서 그다음 것들을 내보낸다. 이에 대해 찬반 논란이 있다. 준비가 부족해 완성도가 떨어질 수 있는 것이 단점이라고 지적된다. 방영 중에 시청자의 검증을 받고 요구를 받아들여 제작을 조절할 수 있다는 것이 장점이다. 동시제작은 많은 어려움이 있지만, 광범위한 시청자들과 소통해 공감을 키운다. 이것은 연극 진행에 관중이 개입하는 탈춤의 신명풀이를 이어받는다고 할 수도 있다. 시청자의 호응을 얻지 못하는 드라마는 중도에 물러나므로 관중의 개입이 탈춤에서보다 더욱 적극적이라고 할 수 있다.

동시제작제는 검열이 없어야 가능하다. 검열이 있는 나라에서는 한국처럼 동시제작을 할 수 없고, 한국 드라마를 한국과 동시에 방영할 수 없다. 그런데도 인터넷의 발달로 외국의 시청자가 실시간대로 한국 드라마를 접할 수 있는 다양한 방법이 있다. 동시제작한 한국의 드라마는 방영이 끝나고 외국에 판매할 때 손해를 감수해야 하는 형편이다. 이런 이유에서 특히 중국 시장을 겨냥하고 사전제작으로 바꾸기도 하지만, 성공하지 못하는 경우가 많다. 국내 시청자의 기호가 빠르게 변해, 방영하는 동안 시청자와 거리가 멀어지기 때문이다. 제작

과정에서도 신명풀이를 하는 드라마라야 성공 확률이 높다.

드라마는 영화와 달리 일상생활을 있는 그대로 다루는 비중이 높다. 민주화와 경제적 성장으로 질 높은 문화콘텐츠 생산이 요구되는 데 드라마가 부응한다. 세련됨과 자연스러움이 요구된다. 등장인물의 대화와 몸짓 하나에서도 섬세하게 인간 정신이 배여 있는 드라마라야 시청자의 눈높이를 맞추어 만족을 준다. 인간주의 정신에 어긋나거나 반여성적인 드라마는 논란과 배척의 대상이 된다. 이런 드라마를 보면서 외국인은 한국을 동경한다.

한국의 드라마는 중국이나 일본을 넘어 동남아시아, 유럽, 북남미 등 세계 곳곳으로 퍼져 나가 세계인의 볼거리가 되었다. 아주 멀리 가서도 높은 시청률을 기록한다. 〈대장금〉과 〈주몽〉이 멀리 이란에서 8, 90%가까운 시청률을 올린 것이 좋은 예이다. 그래서 드라마는 문화적으로 거리가 먼 나라를 심리적인 이웃으로 만든다.

드라마의 인기는 한국 관광, 한국 상품 구매, 한국어 학습으로 이어진다. 〈겨울연가〉 촬영지였던 춘천의 남이섬은 인기 높은 외국인 관광지가 되었다. 드라마에 등장하는 배우는 외모와 의상 등 모든 것이 관심거리다. 아름다운 여배우의 화장법은 화장품과 성형술에 대한 관심으로도 이어진다. 화장품은 외국여성들이 가장 선호하는 상품이 되고, 성형관광이 생겨나게 한다. 드라마는 부수적인 경제적 수익을 가져오고, 국가 이

미지 개선에 기여한다. 한국어를 배우겠다는 열기가 세계 도처에서 일어나는 것도 이와 관련된다.

　얼핏 보면 연기하는 배우들의 미모가 한국 드라마의 성공을 가져온 것 같다. 그러나 미모보다 연기가, 연기보다 작품 속의 인간관계가 더 큰 매력이다. 바람직한 인간관계를 보여주는 공연물은 오랜 전통문화의 심층에 뿌리를 두고 알지 못하고 있는 동안에 전승된다. 상생이 상극이고 상극이 상생임을 연기자와 관중이 함께 보여주는 신명풀이의 전통이 오늘날의 기법으로 재창조되어 세계인을 위한 선물 노릇을 하는 것이 오늘날의 한류이다. 드라마에서 확인되는 이런 특징이 영화로 이어진다.

한국영화의 발전은 민주화, 경제 발전, 다양화와
연관되어 있다. 한국은 세계 영화전쟁에서 살아남아
신명풀이를 위한 즐거움과 깨달음을 인류에게 전하면서
문화제국주의의 횡포를 제어한다.

한국영화의 성공 신화

● 한국영화의 성공 신화

한국영화는 드라마와 함께 한류의 중요한 영역이다. 그러나 영화를 잘 만든다고 하기까지에는 어려움이 많았다. 영화는 많은 자본과 고도의 기술을 필요로 한다. 세계가 한 시장이어서, 외국영화에 맞서서 한국영화를 키우기 어렵다. 영화는 가요보다 수입물에 압도되는 시대가 더 오래 지속되었다.

일제강점기에는 일제의 억압 속에서 나운규 등이 어렵게 영화를 지켜왔다. 해방 후 60년대에는 한국영화가 잠시 전성기를 맞이했다. 70년대 이후는 외국영화에 밀려서 오랜 불황의 시대를 겪어야 했다. 미국·유럽·홍콩 영화가 한국영화를 압도해 자위권 확보를 위해 영화 수입을 제한하는 스크린쿼터제가 필요했다.

그러다가 1993년 〈서편제〉가 관객 100만을 동원하고 해외 진출을 시작하면서, 한국영화가 국내외에서 외국영화에 대해 경쟁력을 가지기 시작했다. 이제는 스크린쿼터제의 도움 없이도 한국영화는 자립을 넘어 번창하고 있다. 2004년부터는 천만 관객 시대에 들어섰다. 천만 이상의 관객을 모은 영화의 80% 정도가 한국영화다.

관객이 천만인 영화는 한국인 5명 가운데 1명이 보았다. 2014년의 〈명량〉은 1,700만이 넘는 관객을 동원했으니 3명 가운데 1명 이상이 본 셈이다. 관객의 이런 호응이 영화를 육성하고 대외적인 경쟁력을 키우는 힘이 되었다. 내수 진작이 수출 활성화를 가져오는 대표적인 사례가 문화산업에서 나타났다.

영화도 한류의 다른 영역처럼 일본이나 중국과의 오랜 관계를 수입에서 수출로 바꾸어놓았다. 문화적 종속을 염려해 일본영화 수입을 금지하다가 개방할 때 많은 우려를 했다. 그러나 예상과는 반대로 일본영화 수입을 한국영화 수출이 많이 초과하고 있다. 중국은 영화를 수출하는 가장 큰 시장이고, 영화 한류가 뻗어날 수 있게 하는 중심국가이다.

한국인은 외국영화보다 한국영화를 더 좋아한다. 자국영화를 외국영화보다 더 좋아하는 나라는 세계에서 몇 되지 않는다. 미국이나 인도와 함께 한국이 있을 따름이다. 이 셋은 영화 산업이 특히 발달한 나라이다. 미국은 경제에서, 인도는 문화에서 초특급의 강대국이어서 그럴 수 있다. 한국은 그 어느 쪽도 아닌 작은 나라인데 어떻게 같은 위치에 설 수 있는지 의문이 아닐 수 없다.

이 의문에 대한 대답을 여러 측면에서 할 수 있으나, 공연예술의 전통과 관련시켜 고찰해야 핵심을 얻는다. 공연예술의 기본원리에는 상극(相克)의 카타르시스, 상생(相生)의 라사, 생극(生克)의 신명풀이가 있다. 이 셋을 미국·인도·한국에서 각기 이어서 서로 다른 영화를 만들어내, 상이한 방식으로 관객을 사로잡는다.

미국영화는 고대 그리스의 유산인 카타르시스를 최대한 비속화해, 번개처럼 교체되는 냉혹한 음모, 처참한 살육전으로 세계인을 숨 막히게 하고 경제적 이득을 얻는다. 라사의 전통을 본고장에서 자랑스럽게 잇는 인도영화는 노래 부르고 춤추는 장면을 길게 보여주면서 마음을 편안하게 하고 모든 근심이 사라지게 한다. 신명풀이는 인류 공통의 자연스러운 요구이지만 카타르시스나 라사 때문에 억눌린 곳이 많은데, 한국에서는 온전하게 이어와 싸움이 화해이고 화해가 싸움인 영화를 만들어낸다.

인도영화는 갈등이 아닌 화해를 구현한다. 폭력이나 대결보다 유머와 감동을 보여주어 화해에 이르는 경우가 많으므로 험한 세상의 모습은 잘 드러나지 않는다. 처음부터 따뜻한 결말을 예견할 수 있는 경우가 많다. 험한 세상을 살면서 영화를 통해 위로를 구하고자 한다면 인도영화가 적합하다. 그러나 상극이 없이 상생만 구현하는 인도영화로는 실제 삶이 그럴까 하는 의문을 해소하기 어렵다.

한국영화는 싸움이 미국영화처럼 격렬하지 않고 화해가 인도영화만큼 온전하지 못한 양극단의 중간물이다. 카타르시스나 라사를 불변의 교리로 받들지 않아 신념과 함께 편견도 없는 지구상 대부분 지역 많은 사람이 자연스럽게 좋아하면서 자기를 발견할 수 있게 한다. 한국영화의 원리인 신명풀이는 영화를 만드는 사람들도 모르게 잠재적으로 작용할 따름이고, 이론이나 교리로 정립되어 알려지지 않아 부담을 주지 않는다. 한국영화를 즐기기 위해서는 유식한 체할 필요가 없다.

한국영화는 미국영화와 경쟁하면서 기술이 크게 향상되었다. 〈명량〉은 내용도 뛰어나지만, 전개되는 장면이 실감나게 하는 특수효과 때문에도 관심을 모았다. 수많은 전투 장면이 컴퓨터그래픽으로 처리되었다. 최근 제작된 블록버스터 영화는 대부분 완성도 높은 컴퓨터그래픽을 사용하고 있다. 영화 제작 기술에서도 미국 못지않은 최선진국이 되었다.

영화 제작 기술과 배급 및 상영 시스템은 모두 그대로 수출 상품이 되고 있다. 시각특수효과 기술, 극장 운영 시스템, 영화상영 서비스, 상영관 기술인 4DX(오감체험 특별관) 및 스크린X(다면상영시스템) 등등이 중요한 수출 품목이다. 멀티플렉스극장은 한국에서도 영화의 중흥을 주도한 상영 서비스 시스템이다. 한국영화 활성화 방식이 대외적으로도 통용되는 성공 방식이라고 할 수 있다. 이것은 모든 산업에 일제히 적용해야 할 기본원리이다.

영화에 출연하는 배우의 섬세한 표현과 열정 등 연기력도 영화 성공의 중요 요인이다. 배우들은 연기력뿐만 아니라 탁월한 외모를 가진 데다 적절한 화장과 의상을 더해 관객을 즐겁게 한다. 수준 높은 촬영과 편집기법도 실제적·환상적인 장면의 실감을 높여 영화 제작의 훌륭한 인프라를 모두 갖추었다.

영화제작의 사회적 환경에는 우려할 사태도 있지만, 잘못이 시정되고 있다. 일제강점기에 영화가 출현할 때부터 법제화된 검열이 1996년에야 철폐되어 그 동안에는 좋은 영화를 만들기 어렵게 했다. 지금도 정부를 비판하는 영화에 대해서는 비공식의 음성적인 통제가 이따금 있다. 그 때문에 부산국제영화제가 파행을 겪기도 했다. 민주화의 완성으로 권력의 횡포가 철저하게 제거되면서 이런 폐단은 사라지고 있다.

영화 만드는 사람들의 의식이 빗나가 생긴 결함도 있다. 〈서편제〉는 판소리 광대의 삶을 통해 전통적인 미학을 이어받는다고 하고서, 자해로 장님이 되는 서구식 비극을 흉내 냈다. 〈쉬리〉는 남북분단의 심각한 문제를 미국식 폭력물 제작 방식으로 다루었다. 이런 일탈은, 영화 만드는 방식을 스스로 마련해야 대외적인 경쟁력을 지닌다는 자각이 확대되면서 시정된다.

관객 쏠림 현상도 문제이다. 천만 관객을 모으는 대박은 동시에 개봉된 다른 여러 작품은 관객의 외면을 받는다는 말이다. 초특급의 대작을 제작하고 배급을 독점하는 거대영화사의 횡포로 이런 불균형이 빚어진다. 외국영화와 맞서려고 키우는 힘이 폭군 노릇을 해서 약한 쪽의 희생을 강요한다. 드라마가 국내 예선을 대등한 조건에서 치열하게 치르는 것과 같은 과정이 영화에는 없다. 소액으로 만드는 아담한 영화, 영화사에 매이지 않는 독립영화 제작이 활성화되어야 한다. 취향이 다양한 사람들이 각자 좋은 작품을 보면서 관객 쏠림을 시정해야 영화의 앞날이 더 밝아진다.

한국은 이념이 대결하는 세계 유일의 분단국가이지만, 국민의 역량으로 군사독재정치를 극복하고 민주화를 이룩해내었다. 짧은 기간 동안 놀라운 경제 성장도 이룩했다. 최근에는 많은 외국 이민을 받아들이고 다민족 국가로 나가고 있다. 이와 같은 사회 변화가 영화의 좋은 소재가 되고 있다. 한국영화의 발전은 이처럼 민주화, 경제발전, 다양화와 연관되어 있으면서, 모든 변화를 앞지른다.

한국은 세계 영화전쟁에서 살아남고 신명풀이를 위한 즐거움과 깨달음을 인류에게 전하면서 문화제국주의의 횡포를 제어한다. 인류문명을 더욱 다양하고 풍요롭게 가꾸어 가해자들마저도 행복하게 하는 데 기여한다. 문화 역량은 정치·군사·경제력에 구애되지 않는다는 것을 보여주며, 한국영화는 제3세계 영화의 희망이 되고 있다.

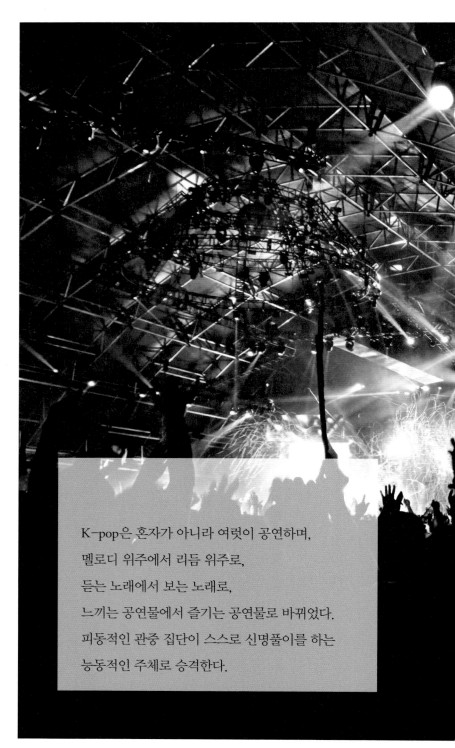

K-pop은 혼자가 아니라 여럿이 공연하며,
멜로디 위주에서 리듬 위주로,
듣는 노래에서 보는 노래로,
느끼는 공연물에서 즐기는 공연물로 바뀌었다.
피동적인 관중 집단이 스스로 신명풀이를 하는
능동적인 주체로 승격한다.

K-pop의
새로운 지평

출처 : Unsplash(Photo by Boga Rin)

● K-pop의 새로운 지평

한국인은 옛날부터 노래를 좋아하고 잘하는 민족으로 알려져 있다. 이런 사실이 중국의 옛 기록에 올라 있고, 오늘날의 중국이나 일본 사람들도 한결같이 인정한다. 대중가요 가수가 이웃 두 나라에 가서 크게 인기를 끄는 것은 오랜 연유가 있기 때문이다.

일요일 낮에 방영하는 〈전국노래자랑〉은 텔레비전 방송 최장수 프로그램이다. 무대에 오른 전국 각지의 출연자는 관중과 한바탕 즐겁게 즐기면서 노래 실력을 뽐낸다. 그밖에도 수많은 대중가요 경연 프로그램이 계속 생겨나 시청자들을 즐겁게 하고 신인가수를 발굴한다. 기성가수도 참가해 녹슬지 않은 실력을 입증하고 지속적 분발을 다짐한다. 일요일 저녁 좋은 시간에 방영하는 〈열린 음악회〉에서는 갖가지 노래의 전문 가창자들이 기량을 뽐내 전국의 시청자들이 열광하게 한다.

조용필이나 서태지를 비롯한 많은 가수가 노래를 더 잘할 수 있는 방법을 찾아 연구하고 혹독한 수련을 한다. 그 성실성을 높이 평가하고, 이 시대의 도덕적 모범으로 삼을 만하다. 연예인을 낮추어 보는 시대는 완전히 지나갔다. 가수 지망생들은 일찍부터 선발되어 노래, 춤, 외국어 등을 전문적으로 훈련받는다. 재능을 훈련으로 연마하여 전문적인 기량을 갖춘다. 뛰어난 노래에다 춤을 보태니 나라 안팎에서 듣고 보는 사람들의 마음을 뒤흔든다. 이것이 드라마나 영화와 함께 한류를 이루면서 앞서 나간다.

한국인이 노래를 잘하는 이유는 무엇인가? 발성 기관이 노래하기 좋게 생긴 덕분이라고 할 수 있으나, 오랜 기간 동안 노래하기를 좋아해 신체 변화가 일어났다고도 할 수 있다. 노래하기를 좋아하는 것이 잘하는 것보다 우선하는 특징이다. 왜 노래를 좋아하는가? 온화하고 맑은 날이 많은 날씨가 야외 활동을 하기에 적합해 노래 부르기를 좋아하는 것이 이탈리아의 경우와 흡사하다.

공동체를 이루어 농사를 지으면서 노동요를 부르고, 함께 일하고 노는 즐거움을 공동의 신명풀이로 삼아 노래를 좋아하고 잘 부르게 되었다. 중국처럼 전란이 많지 않고 문화가 단절 없이 전승되어 그 유산에서 갖가지 노래가 생겨났다. 무가도 대단한 노래이며, 판소리는 뛰어난 기량을 자랑한다. 일본에서와 같이 상층이 하층과 이질적인 집단이 아니어서, 하층 주도의 노래 공동체를 나라 전체에서 존중했다. 노래를 상업

적인 공연물로 만드는 변화가 늦게 나타나서 노래의 순수성을
지니고 공동의 신명풀이를 이어나갔다.

대중가요는 전통적인 노래와 다른 점이 많다. 일본에서 전
래된 트로트 곡조의 유행가, 미국에서 들어온 팝송이나 포크
송이 정착되어 대중가요를 만들어냈다. 이런 것들은 불행한
시대의 상처이면서, 상처를 씻어내고 우리 노래를 되살리려는
진통이었다.

이미자, 나훈아 등의 트로트 가수들은 비애에 젖은 가사로
삶의 의욕을 잃게 하는 것을 인기로 삼았다. 70년대 들어서는
송창식, 김민기 등이 미국풍의 포크송을 부르면서 기성사회에
저항하고 사회적인 문제를 표출해냈다. 군사정권의 통제 때문
에 숨어서 활동하며 민중가요를 만들어냈다.

이어서 조용필이 등장해 기존 대중가요의 모든 양식을 아울
러 자기 노래를 만들었다. 조용필은 수도승이나 성자에 견줄
만한 성실한 노력으로 대중가요가 차원 높은 예술 못지않은
경지에 이르도록 하고, 상하노소로 구분되던 수용층이 한자리
에 모이게 했다. 한국 대중가요의 전형을 마련하면서 노래 문
화의 오랜 전통이 이어지게 했다.

조용필과 더불어 한 시대가 가고, 서태지는 다음 시대를 열
었다. 조용필의 노래는 국내에 머물렀으나, 서태지 이후의 가
수들은 외국에 진출해 환호성이 일어나게 했다. 외국에 진출
한 한국가요는 'K-pop'이라고 한다. 'Korean popsong'을 줄여

남들이 사용하는 말을 받아들여 국내외 공통어로 쓴다. 중국에서 만든 말 '한류(韓流)'를 수입해 널리 사용하는 것과 같다.

K-pop은 그전의 대중가요와 활동 영역이 다를 뿐만 아니라, 노래 자체에도 차이가 있다. 혼자가 아니라 여럿이 공연하며, 멜로디 위주에서 리듬 위주로, 듣는 노래에서 보는 노래로, 느끼는 공연물에서 즐기는 공연물로 바꾸었다. 노래 못지않게 춤이 큰 구실을 하면서 리듬을 강조하고, 볼 것을 제공하고, 함께 즐기도록 하면서 노래뿐만 아니라 춤의 전통과 접맥되고, 탈춤의 신명풀이 같은 것을 재현한다.

외국에서 K-pop에 열광적으로 환호하는 것은 듣기만 하는 노래가 아니고, 보기도 하는 종합 공연물이기 때문이다. 연기자의 공연을 보기만 하지 않고, 대등한 위치에서 함께 즐기는 것이 새로운 경험이다. K-pop에 참여하다가 자기 노래를 부르고 춤을 추게 되니 놀랍다. 피동적이기만 하던 관중 집단이 스스로 신명풀이를 하는 능동적인 주체로 승격하는 기적이 일어난다. K-pop은 공연예술의 역사를 혁신하는 전대미문의 창안물이다.

K-pop의 원류는 오랜 내력이 있어 조금도 새삼스러운 것이 아니다. 탈춤, 판소리, 선소리, 들노래, 풍물 등 여러 형태의 공연물에서 노는 사람과 보는 사람이 함께 신명풀이를 해왔다. 그러나 이런 것들은 오늘날의 한국인에게도 낯설어지고 있으며, 외국인에게는 전달되기 더욱 어렵고 공감을 기대할

출처 : https://pixabay.com

수 없다. 해설을 복잡하게 하면 거리가 더 멀어진다. 그 정수를 간추려 누구나 신명나게 공연하는 K-pop을 만들어낸 것이 다행이다. 기적처럼 보이는 일이 알고 보면 당연한 결과이다.

전통과의 연결을 이해하기 위해 〈선소리 산타령〉이라는 것과 K-pop을 비교해보자. 〈선소리 산타령〉에서는 여러 사람이 나와 악기를 연주하면서 춤을 추고 노래를 하면서 서로 엇바뀌는 동작을 한다. 노랫말을 알아듣지 않아도 흥겹고, 애써 알아들어도 사실 별것이 아니다. 리듬, 동작, 연기, 공연 등이 절묘하게 얽힌 전체 구성이 가만히 앉아서 보지 못하고 나서서 함께 놀면서 신명을 풀지 않을 수 없게 한다. K-pop도 이런 것이다. 말은 전달되지 않아도 그만이고, 하는 짓에는 남의 것들의 혼성모방이 적지 않다. 그래도 공연의 기본 방식 덕분에 세상 사람들 모두 새롭다고 평가하고 함께 즐긴다.

K-pop의 성공은 하다가 보니 잘 된 것이 아니다. 정부가 정책을 잘 세워 잘 밀어준 것과 아주 거리가 멀다. 정부가 할 일은 통제를 그만두고 육성을 생각도 말고 내버려두는 것밖에 없다. 사회 각계각층에서 관심을 가지고 지원을 하는 것은 필요하지만, 무지 덕분에 오히려 역효과를 낼 수 있다.

알아야 할 것은 알고 나서 지원을 하거나 찬사를 보내야 한다. 신명풀이 공연이 이어지는 것과 함께 공연자들의 피나는 수련의 전례도 되풀이되는 것을 알아야 한다. 판소리 광대가 폭포 앞에서 피를 토하면서 연습을 하는 것과 같은 과정을 오늘날의 연예인 지망생들도 오랜 기간 겪는다. 혹독한 훈련을 거쳐 선발된 최상 수준의 K-pop 공연자들은 정부가 애지중지하고, 온 사회가 촉망하는 과학영재 못지않게 소중한 인재이다.

지금 K-pop은 200개국이 넘는 나라에서 받아들이고, 100개국 정도에서 팬클럽이 조직되어 있을 정도로 세계적인 인기를 누리고 있다. 그 덕분에 어디서나 한국을 알고 한국어를 배우려고 한다. 이것은 나라를 근심하고 장래를 암담하게 여기는 비관론을 일거에 잠재우는 가장 큰 반론이다. 정치를 앞세우고 경제로 큰 소리를 치는 모든 언설을 접어두고 문화의 역량이 얼마나 소중한지 겸허하게 생각해야 한다.

한국문화, 한눈에 보인다